Birthe Lagemann

Materialien und Kopiervorlagen
zur Klassenlektüre

Hans de Beer

Der kleine Eisbär und der Angsthase

Kopierhinweis

Die unterschiedlich gefärbten Silben werden mit folgender Kopiereinstellung am besten lesbar:
– Kopiereinstellung „gedrucktes Foto“ wählen, falls vorhanden, oder
– Bildhelligkeit vor dem Kopieren etwas verringern.

Hase und Igel®

Inhalt

Sonderausgabe zur Lektüre mit Silbenhilfe

www.hase-und-igel.de
Lektorat: Karin Bawidamann
Satz: Holger Kirsch
Illustrationen: Hans de Beer

ISBN 978-3-86760-571-7
2. Auflage 2022

Das Buch

Der Erfolg des kleinen Eisbären Lars begann schon vor über dreißig Jahren. Mittlerweile gehören die Abenteuer des niedlichen Bären zu den Klassikern der Kinderliteratur. Ihre Bekanntheit trägt zur Motivation auch leseschwächerer Schüler bei. Darüber hinaus wird die ungewöhnliche Freundschaft zwischen dem Eisbären Lars und dem Schneehasen Hugo Ihre Schüler faszinieren.

Als Lars eines Tages ein Wimmern aus einem tiefen Loch hört, schleicht er sich vorsichtig heran. Dort unten sitzt Hugo. Nachdem der Eisbär den Hasen aus seiner misslichen Lage befreit hat, spielen die beiden miteinander. Schnell merkt Lars, wie ängstlich Hugo ist.

Dann erleben die beiden gemeinsam ein aufregendes Abenteuer: Sie verirren sich in einem Schneesturm und können sich erst am nächsten Tag auf den Heimweg machen. Dabei kommen sie an einer Polarstation vorbei und der neugierige Lars stürzt von oben in das Gebäude – ausgerechnet, als das Schneemobil zurückkommt. Nun kann Hugo beweisen, dass er kein Angsthase ist. Diesmal rettet der kleine Hase seinen sonst so mutigen Gefährten aus der gefährlichen Situation – und wird von ihm in Zukunft nie mehr „Angsthase“ genannt werden.

Die Figuren des Eisbären und des Schneehasen bieten zahlreiche Identifikationsmöglichkeiten: Sie sind jung, spielen gern Verstecken, veranstalten Wettrennen und sind manchmal mutig, manchmal aber auch ängstlich. Lars, der kleine Eisbär, der sich besonders mutig zeigen will, nennt Hugo wiederholt einen „Angsthasen“. Die Kinder Ihrer Klasse werden sicher Erfahrungen mit dieser oder ähnlichen Bezeichnungen haben, die sie in den Unterricht ein bringen können. Die Auseinandersetzung mit eigenen und fremden Ängsten sensibilisiert die Schüler und schult ihre Empathiefähigkeit. Am Ende des Buches gesteht auch der kleine Eisbär seine Angst ein und erlaubt dem Schneehasen, ihn „Angstbär“ zu nennen, wovon Hugo allerdings keinen Gebrauch macht. Diese Wendung und die Freund schaft der beiden Tiere verdeutlichen den Schülern, dass es angemessen ist, manchmal Angst zu haben, und dass man sich darüber nicht lustig machen sollte.

Die Kinder erfahren aber auch etwas über das Leben am Nordpol – einem Ort, an dem alles ganz anders ist als bei uns. Der Forscher und die Polarstation sind reale Elemente, die zu einer weitergehenden Beschäftigung mit diesem faszinierenden Lebensraum einladen. Nicht zuletzt angesichts von Globalisierung und Erderwärmung kann eine solche kindgemäße Erweiterung des Wahrnehmungshorizonts schon im Grundschulalter fruchtbar sein.

Die zahlreichen, liebevollen Illustrationen von Hans de Beer unterstützen den Handlungsverlauf der Geschichte und tragen dazu bei, die Lesemotivation der Schüler zu fördern und zu erhalten. Die große Druckschrift und die Zeilenumbrüche sind sehr lesefreundlich. Eine zusätzliche Hilfe stellt für viele Kinder die farbige Hervorhebung der einzelnen Silben dar. Dadurch werden insbesondere unbekannte Wörter auf Anhieb in der korrekten Silbierung gelesen und der Sinn des Textes erschließt sich einfacher und schneller. Die Lektüre kann ab dem zweiten Schuljahr, aber auch schon in lesestarken ersten Klassen zum Einsatz kommen.

Das Material

Das vorliegende Material unterstützt Sie bei der Arbeit mit der Lektüre „Der kleine Eisbär und der Angsthase“ durch praxisnahe Anregungen und originelle Ideen. Das Buch ist als fortlaufender Text ohne Untergliederung in Kapitel verfasst. Zur besseren Übersicht besteht das Material aus sieben Teilen, die sich zum einen auf die Vor- und Nacharbeit des Buches konzentrieren und zum anderen an den folgenden inhaltlichen Einschnitten orientieren:

Seite 6 bis 13: Ein ungewöhnlicher Spielkamerad
Seite 14 bis 18: Im Schnee verloren
Seite 18 bis 29: Die Polarstation
Seite 29 bis 38: Die Rettungsaktion
Seite 38 bis 43: Ein neuer Freund

Zu Beginn jeder Sinneinheit finden Sie kurze Inhaltsangaben sowie Gesprächs- und Schreibanlässe. Die didaktischen Hinweise zu den Kopiervorlagen enthalten wichtige Anregungen und Tipps zur Durchführung der Aufgaben sowie Lösungen. Die sich anschließenden Kopiervorlagen sind direkt einsetzbar.

Ein Großteil der Arbeitsblätter fragt in handlungsorientierten und abwechslungsreichen Aufgabenstellungen den Inhalt der Lektüre ab. Aber auch Spracharbeit und sinnentnehmendes Lesen sind gefragt. Dabei kommen die Themenbereiche „Polartiere“, „Nordpol“ und „Klimawandel“ nicht zu kurz. Bastelarbeiten, Rätsel, Spiele und ein Rap runden das Material ab.

Damit Sie auf einen Blick die methodischen Schwerpunkte jeder Seite erfassen können, ist jedes Arbeitsblatt mit einer Symbolleiste versehen:

lesen

schreiben

forschen

malen/basteln

rätseln

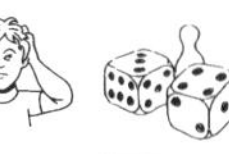
spielen

Vor der Lektüre

Ein gemeinsamer Einstieg kann Ihre Schüler auf das neue Buch einstimmen und eine positive Erwartungshaltung aufbauen.

Hierfür kann beispielsweise ein fiktiver Brief vom Eisbären Lars und dem Schneehasen Hugo genutzt werden (siehe KV „Ein Brief vom Nordpol", Seite 17). Präsentieren Sie ergänzend oder alternativ das Buchcover auf Folie, wodurch die Schüler zu spontanen Assoziationen und Antizipationen angeregt werden. Teilen Sie anschließend die Kopiervorlage „Mein neues Buch" (Seite 18) aus und lassen Sie die Kinder ihre Gedanken schriftlich festhalten. Nach Abschluss der Lektüre wird es interessant sein zu sehen, ob und in welcher Weise die Erwartungen erfüllt wurden.

Hinweise zu den Kopiervorlagen

KV Seite 17

Ein Brief vom Nordpol

Der Brief kann zuerst von Ihnen vorgelesen werden, bevor Sie die Seite austeilen und von den Kindern bearbeiten lassen. Um diesen Einstieg emotional zu verstärken, bietet es sich an, das Vorlesen in einem Sitzkreis stattfinden zu lassen. Gestalten Sie die Mitte des Kreises mit einer weißen Decke, mit ausgestreuten Watte-bällchen oder selbst gebastelten Schneeflocken (siehe KV „Schöne Schneekristalle", Seite 29) sowie passenden Stofftieren bzw. kopierten Abbildungen von Lars und Hugo.

Wie stark die Neugier der Kinder auf die Lektüre „Der kleine Eisbär und der Angsthase" geweckt wurde, kann auf einer Skala angekreuzt werden.

Weiterführende Anregung

Lassen Sie differenzierend leistungsstärkere Kinder einen kurzen Antwortbrief verfassen, in dem sie Lars und Hugo mitteilen, ob sie neugierig auf die Lektüre geworden sind und was sie sich von der Geschichte über die beiden ungewöhnlichen Freunde erhoffen. Erinnern Sie Ihre Schüler an die korrekte Form eines Briefes, der Ort, Datum, Anrede und Grußformel enthalten sollte.

Mein neues Buch

Die Kopiervorlage soll die erste Begegnung der Schüler mit ihrer neuen Lektüre begleiten und unterstützen. Die Kinder werden dazu angeregt, sich zu Buchtitel und Cover zu äußern, um eigene Erwartungen und Fragen ins Bewusstsein zu rücken und die Neugier auf das Buch zu wecken bzw. zu steigern. Anschließend werden die Fachbegriffe „Titel", „Autor" und „Verlag" eingeführt.

Nutzen Sie die Seite, um mit Ihren Schülern über ihr außerschulisches Leseverhalten ins Gespräch zu kommen. Kinder, die in ihrer Freizeit gern lesen, können darüber berichten und den anderen Mitschülern vielleicht Impulse geben, indem sie ihr Lieblingsbuch der Klasse vorstellen.

Lösung

Aufgabe 2:

Titel: Der kleine Eisbär und der Angsthase
Autor: Hans de Beer
Verlag: Hase und Igel Verlag

Der Nordpol und der Südpol

Die entlegensten und kältesten Punkte der Erde sind der Nord- und der Südpol. Die Meere und das Festland rund um den Nordpol werden Arktis genannt. Diese Bezeichnung leitet sich vom altgriechischen Wort „arktos" ab, was „Bär" heißt. Den Mittelpunkt der Region bildet eine Insel aus Eis auf dem arktischen Ozean. Ebenfalls dazu gehören Teile von Kanada, Grönland, Skandinavien, Russland und Alaska. In der Arktis leben Tiere, die bestens an die eisigen Verhältnisse angepasst sind, z.B. Robben, Wale, Rentiere, Polarfüchse, Schneehasen und Eisbären. Ungefähr eine Million Menschen sind in der Arktis beheimatet, auch die Inuit.

Weil es am Südpol noch viel kälter ist, gibt es dort nur wenig Leben. Die tiefste jemals gemessene Temperatur in der Gegend rund um den Südpol, der Antarktis, betrug – 89 °C (zum Vergleich: Die Durchschnittstemperatur in einer Kühltruhe beträgt – 20 °C). Solche Minusgrade sind selbst für Pinguine eine Herausforderung. Sie sind die einzigen Landbewohner dieser Region. Außerdem gibt es dort Wale, Seehunde und Albatrosse. Die Antarktis besteht aus dem Kontinent Antarktika und den ihn umgebenden Eismeeren. Landschaftlich ist die Gegend einzigartig: Gletscher, eine stürmische See und endloses Eis prägen das Erscheinungsbild. Die Eisdecke kann eine Dicke von knapp 5000 Metern erreichen.

Weiterer Unterrichtsvorschlag

Lassen Sie Ihre Schüler in Gruppenarbeit Plakate gestalten, auf denen sie ihr Wissen zu den Themen „Eisbär", „Schneehase" und „Nordpol" zusammentragen. Dabei können sie auch Zeichnungen anfertigen oder Bilder aus Zeitungen und Zeitschriften ausschneiden und aufkleben. Im Klassenzimmer aufgehängt, dienen die Plakate als Schmuck und als Informationsquelle, auf die während der Lektüre immer wieder zurückgegriffen werden kann.

Ein ungewöhnlicher Spielkamerad
Seite 6 bis 13

Inhalt

Der kleine Eisbär Lars lebt am Nordpol, wo es meist sehr still ist. Doch eines Tages hört er ein Wimmern aus einem tiefen Loch. Lars rettet den vollkommen verängstigten Schneehasen Hugo, indem er Schnee in das Loch wirft, auf dem der Gefangene an die Oberfläche klettern kann. Dann spielen die beiden ausgelassen miteinander. Lars merkt, wie ängstlich Hugo ist, und nennt ihn „Angsthase". Durch sein wildes Toben will er zeigen, was für ein mutiger Eisbär er ist.

Gesprächs- und Schreibanlässe

Lars, der Eisbär, lebt am Nordpol.
- Wie stellst du dir das Leben am Nordpol vor?
- Was weißt du über Eisbären?

Lars hilft dem Schneehasen Hugo.
- Was weißt du über Schneehasen?
- Warst du auch schon einmal in einer Situation, in der du dringend Hilfe benötigt hast? Erzähle.

Hugo und Lars spielen zusammen.
- Spielst du auch manchmal Verstecken? Wo und mit wem?
- Was spielst du draußen am liebsten?

Hinweise zu den Kopiervorlagen

Lars, der kleine Eisbär
Eisbär Lars wird auf den ersten Seiten des Buches näher vorgestellt. Mithilfe des Arbeitsblatts wird das sinnentnehmende Lesen der Kinder überprüft, indem sie zusammengehörige Satzteile verbinden und aus vorgegebenen Wörtern passende Eigenschaften heraussuchen. Bei einigen Adjektiven besteht ein Interpretationsspielraum. Lassen Sie daher mehrere Lösungen zu, wenn die Schüler ihre Auswahl begründen können.

Als Lars plötzlich ein Wimmern aus einem Loch hört, nähert er sich nur sehr vorsichtig, da er nicht weiß, was ihn erwartet. Die Kinder werden aufgefordert, seine möglichen Gedanken und Ängste aufzuschreiben und sich so in seine Situation hineinzuversetzen.

Lösung
Aufgabe 1:

Lars ist	auf einem Hügel.
Er lebt	meist sehr still.
Lars sitzt oft	ein kleiner Eisbär.
Am Nordpol ist es	am Nordpol.

Aufgabe 2:
Folgende Wörter können eingekreist werden: klein, niedlich, weiß, einsam, mutig, vorsichtig.

Weiterführende Anregung
Die Szene des langsamen Heranpirschens an das Loch kann von den Kindern pantomimisch dargestellt werden. Als Variante dazu ist es auch möglich, dem Eisbären einen zweiten Schüler zuzuordnen, der dessen Gedanken laut ausspricht. Die Kinder können weiterführend unterschiedliche Möglichkeiten erfinden, wer oder was sich in dem Loch befinden könnte und wie Lars reagiert.

Die Begegnung mit dem Schneehasen
Die Kopiervorlage verlangt zuerst, dass sich die Kinder in die Situation des Schneehasen hineinversetzen und seine möglichen Gedanken anmalen. Anschließend wird auf der Seite das sinnentnehmende Lesen überprüft: Die Kinder beantworten Fragen zum Text. Durch das Lösungswort ist die Möglichkeit der Selbstkontrolle gegeben. Die Aufgabe eignet sich daher gut als Hausaufgabe.

Lösung
Aufgabe 1:
Folgende Gedankenblasen müssen angemalt werden:
Endlich kommt Hilfe! Ich bin gerettet.
Was soll ich bloß machen? Ich habe solche Angst!
Oh nein! Ein Eisbär! Ob er mich fressen will?

Aufgabe 2:
1. Er wirft Schnee in das Loch, damit der Hase darauf hochklettern kann. **S**
2. Sein Name ist Hugo. **T**
3. Sie rennen um die Wette. **I**
Sie spielen Verstecken. **M**
4. Hugo traut sich nicht, einen steilen Hang hinunterzukugeln. **M**
5. Er will zeigen, was für ein mutiger Eisbär er ist. **T**

Das Lösungswort lautet: STIMMT.

Polartier gesucht
Die Sachinformationen dienen dazu, den Schülern ein realistisches Bild von Eisbären zu vermitteln. Im Buch sind einige Dinge frei erfunden, z. B. zu den Bereichen Sozialverhalten (Eisbären sind Einzelgänger), Ernährung (Eisbären sind Fleischfresser) und Aufzucht (Weibchen kümmern sich um Jungtiere).

Je nach Lesestärke Ihrer Klasse können Sie den Text zuerst vorlesen oder gemeinsam im Klassenverband erlesen lassen.

Indem die Schüler den Steckbrief ausfüllen, beschäftigen sie sich noch einmal intensiv mit dem Sachtext und wiederholen die wichtigsten Daten.

Lösung
Aufgabe 1:
Der Eisbär

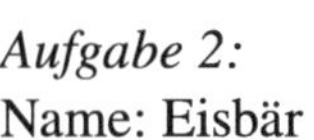

Aufgabe 2:
Name: Eisbär
Gewicht: bis fünfhundert Kilogramm
Größe: bis zweieinhalb Meter
Alter: fünfundzwanzig bis dreißig Jahre in freier Natur, bis fünfundvierzig Jahre im Zoo

Weiterführende Anregung
Nutzen Sie die Kopiervorlage, um Ihre Schüler in Partnerarbeit ihr Lieblingstier beschreiben und gegenseitig erraten zu lassen. Zunächst sollte jedes Kind für sich Notizen machen, die Aussehen, Größe, Lebensraum, Nahrung und Besonderheiten betreffen. Anschließend stellen die Schüler einem Partner ihr Tier vor – ohne es beim Namen zu nennen.

Was weißt du über Schneehasen?
Die Kopiervorlage vermittelt Ihren Schülern Sachinformationen über Schneehasen. Das Ausfüllen des Lückentextes mit den vorgegebenen Wörtern unterstützt das konzentrierte und sinnentnehmende Lesen.

Lösung
Der Schneehase ist mit dem Europäischen Feldhasen verwandt. Schneehasen leben in den Gebirgen und Wäldern von Nordeuropa, Nordasien, Nordamerika und in den Eislandschaften der Arktis. Im Sommer ist das Fell des Schneehasen graubraun. Vor dem Winter wechseln die Schneehasen ihre Fellfarbe. Sie bekommen dann weißes Fell. Nur die Ohrspitzen sind noch schwarz. So sind die Hasen in der Winterlandschaft kaum zu erkennen. Schneehasen sind ungefähr siebzig Zentimeter groß und etwa drei bis fünf Kilogramm schwer. Sie können bis zu acht Jahre alt werden. Das Weibchen bringt zweimal im Jahr zwei bis fünf Junge zur Welt. Die Pfoten des Schneehasen sind groß und stark behaart. So wird verhindert, dass er im Schnee einsinkt. Der Schneehase kann sehr große Kälte vertragen.

Im Schnee verloren
Seite 14 bis 18

Inhalt

Als es zu schneien beginnt, machen sich Lars und Hugo auf den Heimweg. Doch die vereinzelten Flocken entwickeln sich rasch zu einem richtigen Schneesturm, der dafür sorgt, dass die beiden die Orientierung verlieren und sich verlaufen. Lars und Hugo beschließen, im Schnee zu übernachten und sich am nächsten Morgen erneut auf die Suche nach dem richtigen Weg zu machen. Lars, dem die Situation ebenfalls zusetzt, lässt sich im Gegensatz zu Hugo seine Unsicherheit nicht anmerken. Er spricht dem Schneehasen und sich selbst Mut zu.

Gesprächs- und Schreibanlässe

Als es zu schneien beginnt, sagt Hugo, dass er nach Hause muss.
- Wann musst du nach Hause, wenn du zum Spielen draußen bist?

Es schneit so stark, dass Hugo und Lars kaum etwas sehen können.
- Hast du auch schon einmal ein dichtes Schneetreiben erlebt? Wann? Wie hast du dich dabei gefühlt?
- Was machst du draußen am liebsten, wenn viel Schnee liegt?

Hugo und Lars kommen in einen Schneesturm.
- Hast du auch schon einmal einen Schneesturm erlebt? Wie hast du dich dabei gefühlt?

Lars und Hugo übernachten zusammen im Freien.
- Hast du auch schon einmal mit einem Freund im Freien übernachtet oder gezeltet? Erzähle.
- Durftest du schon einmal bei einem Freund übernachten? Wie war das?

Lars fürchtet sich im Dunkeln, aber er sagt es nicht.
- Fürchtest du dich auch im Dunkeln? Warum?
- Warum gibt Lars seine Angst wohl nicht zu?
- Ist es manchmal besser zu sagen, was einem Angst macht? Warum?

Hinweise zu den Kopiervorlagen

KV Seite 23

Verlaufen!
Auf dieser Kopiervorlage sollen die Kinder dem Eisbären Lars und dem Schneehasen Hugo Zitate aus dem Buch zuordnen. Dadurch zeigen sie, dass sie den Text genau gelesen und verstanden haben. Mithilfe dieser Vorarbeit wird der unterschiedliche Umgang der beiden mit der Situation deutlich: Während Hugo verängstigt und resignativ ist, weil sie sich verlaufen haben, versucht Lars, der Situation konstruktiv zu begegnen und seinen Optimismus an Hugo weiterzugeben.

Sicher fällt es Ihren Schülern daher nicht schwer, sich im Anschluss mit den unterschiedlichen Wesenszügen der beiden Tiere auseinanderzusetzen.

Lösung
Aufgabe 1:

Aufgabe 2:
blau: gehorsam, ängstlich, verzweifelt
gelb: freundlich, einfallsreich, hoffnungsvoll

KV Seite 24

Wo geht's lang?
Die Schüler setzen sich auf dieser Kopiervorlage spielerisch mit der Situation des Verirrtseins von Hugo und Lars auseinander. Sie müssen für die beiden Tiere Wege durch das Labyrinth finden, die sie zu ihrem Zuhause bringen. Dabei legen Lars und Hugo einen Teil des Weges gemeinsam zurück. Erst kurz vor den Zielen trennen sich die beiden. Wenn sie sich verlaufen, drohen sie in den Schneesturm zu gelangen, den es unbedingt zu meiden gilt.

Indem die Kinder zuerst nur mit den Augen den jeweils richtigen Weg verfolgen, können sie verschiedene Pfade ausprobieren, bevor die Lösung endgültig eingetragen wird.

Lösung

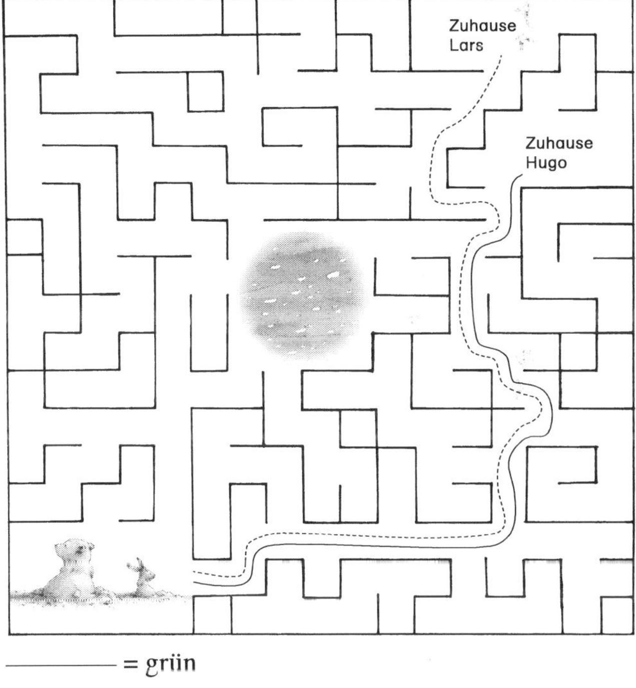

———— = grün
-------- = rot

KV Seite 25–27

Im Schneesturm – Ein Stabpuppenspiel
Eine Aufführung dieses Ausschnitts der Lektüre bietet sich auf einem Klassen- oder Schulfest an. Der vorgegebene Text hält sich bewusst eng an die Buchvorlage und ist nur an wenigen Stellen erweitert worden. So wurden beispielsweise am Ende einige Sätze hinzugefügt, um den Dialog abzurunden.

Lesen Sie den Text zunächst mit der gesamten Klasse, um die Lese- und Spielfreude der Kinder zu steigern und sie mit dem Ablauf vertraut zu machen. Die einzelnen

Passagen des Erzählers, Hugos und Lars' sind durch unterschiedliche Formatierungen gekennzeichnet. Die Regieanweisungen in den Klammern beziehen sich auf den Tonfall der jeweiligen Figur, auf das Führen der Stabfiguren und den Einsatz des Schneefalls. Sie werden beim Vortrag nicht vorgelesen. Kopieren Sie die Seiten für das Spiel vergrößert auf DIN-A3-Format, damit die Schüler den Text gut lesen können.

Nutzen Sie die Seite 27, um Lars und Hugo sowie den Schneehügel als Stabpuppen herstellen zu lassen. Ein an einer Wäscheleine oder zwischen zwei Kartenständern aufgehängtes bzw. von zwei Schülern gehaltenes weißes Tuch kann die Bühne bilden.

Drei Kinder führen die Stabpuppen. Außerdem dürfen drei weitere vor der Bühne den Text mit verteilten Rollen (Erzähler, Hugo, Lars) vorlesen. Wichtig ist, die Schüler darauf hinzuweisen, langsam zu sprechen und Pausen zu machen, damit Text und Spielhandlung aufeinander abgestimmt sind und von den Zuschauern nachvollzogen werden können. Weisen Sie außerdem mehreren Kindern die Aufgabe zu, die Wattebällchen an den vorgegebenen Stellen in die Luft zu werfen und still wieder einzusammeln, damit der Vorrat reicht.

Weiterführende Anregung

Nutzen Sie die Kopiervorlagen als Anlass, weitere Szenen aus dem Buch nachspielen zu lassen. Dafür geeignet sind fast alle Dialoge zwischen Hugo und Lars. Die Szenen können aus der Erinnerung nachgespielt oder aus der Buchvorlage abgeschrieben und gegebenenfalls erweitert werden. Falls erforderlich, können die Schüler auch weitere Figuren (z. B. den Forscher und das Schneemobil) sowie für das Spiel notwendige Requisiten (Gegenstände oder Nahrungsmittel) als Stabpuppen herstellen.

Lassen Sie Ihre Schüler über die Buchvorlage hinaus eigenständig Spielszenen mit Lars und Hugo entwickeln. Ideen dafür können folgende Situationen sein: Lars will Hugo dazu überreden, einen steilen Abhang hinunterzukugeln. Hugo schlägt Lars nach dem Abenteuer vor, noch einmal zur Polarstation zu gehen. Hugo und Lars bekommen Ärger mit ihren Eltern, weil sie wegen des Schneesturms über Nacht weggeblieben sind.

Verlaufen! Was tun?

Die Buchszene ist ein guter Ausgangspunkt für die Schüler, um von eigenen Erfahrungen und damit verbundenen Ängsten zu berichten. Sprechen Sie mit Ihrer Klasse über das Thema und gehen Sie dabei behutsam vor.

Anschließend werden verschiedene Verhaltenstipps für spezielle Orte und Situationen gegeben, die nach dem Lesen ebenfalls im Plenum besprochen werden können. Erörtern Sie besonders die Schwierigkeit, dass sich die Kinder in einer solchen Situation meist einer fremden Person anvertrauen und um Hilfe bitten müssen. Hierbei dürfen aber mögliche Gefahren nicht außer Acht gelassen werden. Sensibilisieren Sie Ihre Klasse dafür.

Außerdem werden die Schüler dazu aufgefordert, einen Zettel für derartige Notfälle auszufüllen, der wichtige Daten enthält. Dieser kann ausgeschnitten und ins Portemonnaie gelegt werden, sodass er immer griffbereit ist.

Schöne Schneekristalle

Gerade in der Winterzeit bietet es sich an, den Klassenraum mit Schneeflocken zu schmücken und so eine winterliche Atmosphäre zu gestalten. Das Ausschneiden der unterschiedlichen Schneekristalle schult die Feinmotorik der Schüler.

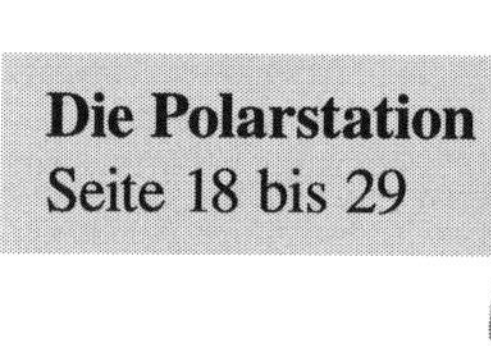

Die Polarstation
Seite 18 bis 29

Inhalt

Am nächsten Morgen wird Lars vom Lärm eines vorbeifahrenden Schneemobils geweckt, das auf dem Weg zur Polarstation ist. Wieder reagiert Hugo verängstigt und versteckt sich. Doch Lars hat das Schneemobil schon häufiger mit seinem Vater zusammen gesehen und will seiner Spur zur Polarstation folgen, da er von dort aus den Weg nach Hause kennt. An der Station angekommen entdecken Lars und Hugo im Abfall Essensreste, die sie gemeinsam auf einem Hügel verspeisen. Während Hugo danach am liebsten sofort nach Hause gehen würde, beschließt Lars, sich genauer umzusehen. Er klettert auf das Dach der Station und fällt durch eine Öffnung in einen Raum voller technischer Geräte. Auf der Suche nach einem Ausweg irrt der kleine Eisbär durch die Gänge.

Gesprächs- und Schreibanlässe

Lars wird am Morgen von einem lauten Rasseln geweckt.

- Wer oder was weckt dich am Morgen?
- Von welchem Geräusch wirst du morgens am liebsten geweckt?

Hugo hat Angst vor dem Schneemobil, Lars nicht.

- Kannst verstehen, warum die beiden so unterschiedlich reagieren?

Lars und Hugo machen ein Picknick.

- Sie essen Brot, Fisch und Möhren. Was essen Eisbären und Schneehasen wirklich?
- Hast du auch schon einmal ein Picknick gemacht? Mit wem und wo? Erzähle.

Lars ist neugierig und fällt ins Innere der Polarstation.

- Was weißt du über Polarstationen?
- Wozu könnte man die technischen Geräte in der Station gebrauchen?
- Warst du selbst schon einmal an einem Ort, an dem du nicht entdeckt werden wolltest?

Hinweise zu den Kopiervorlagen

Das Schneemobil

Die Kopiervorlage regt die Kinder dazu an, die Zeichnung des Schneemobils auf Seite 19 der Lektüre genau zu betrachten. Nur so ist es möglich, die korrekten Sätze der ersten Aufgabe anzukreuzen.

Diese Vorarbeit erleichtert es den Schülern, bei der zweiten Aufgabe die acht Fehler auf der rechten Abbildung des Schneemobils zu finden, da einige Aussagen auf Abweichungen hindeuten. Um die Aufgabe nicht zu einfach zu gestalten, wurden allerdings auch kleinere Details verändert (z. B. ein Blinklicht hinzugefügt).

Setzen Sie die Seite differenzierend ein und lassen Sie leistungsstärkere Kinder zuerst die zweite Aufgabe bearbeiten. So müssen sie die Unterschiede ohne vorherige Hinweise auf mögliche Fehlerquellen erkennen.

Lösung

Aufgabe 1:

Folgende Aussagen müssen angekreuzt werden:
Das Schneemobil ist ein Kettenfahrzeug.
Das Schneemobil hat ein Radargerät auf dem Dach.
Das Schneemobil hat drei Fenster an der Seite.

Aufgabe 2:

Weiterführende Anregungen

- Nutzen Sie die Zeichnung im Buch als Anlass, um mit Ihren Schülern über die Ausstattung des Schneemobils zu sprechen. Gerade Jungen wird es Spaß machen, über die Funktion der Gegenstände zu spekulieren. Lassen Sie die Kinder anschließend im Internet oder in Sachbüchern nach Schneemobilen suchen. Freiwillige dürfen ihr Wissen der Klasse vortragen.
- Lassen Sie die Kinder im Kunstunterricht eigene Schneemobile malen und detailreich ausgestalten. Dabei sind fantasievolle Ausrüstungsgegenstände möglich, z. B. ein Riesenföhn für das Schmelzen von Schnee, ein Eiswürfelzubereiter oder ein Anhänger für den Transport von Schneemännern.

In der Polarstation

Diese Kopiervorlage überprüft das Leseverständnis der Schüler, indem die Kinder die Abbildungen dem Verlauf der Lektüre entsprechend in die richtige Reihenfolge bringen. Außerdem beinhaltet die Seite eine Aufgabe in Form einer Text-Bild-Zuordnung und ist daher insbesondere als Hausaufgabe oder zum eigenständigen Erlesen des Sinnabschnitts geeignet.

Weiterführend können Sie die Bilder und Texte auch laminieren, ausschneiden und als Memory-Spielkarten für die Freiarbeit nutzen.

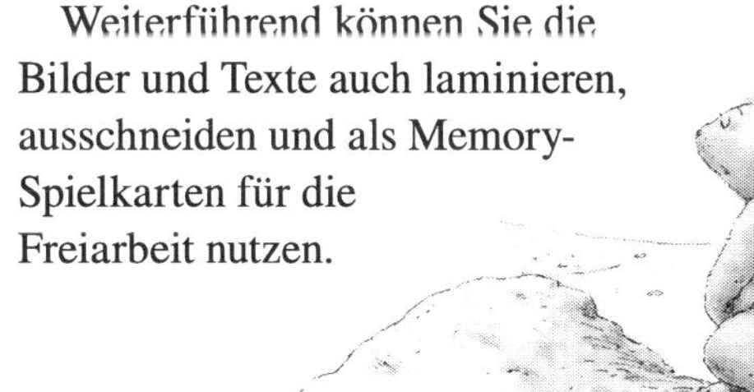

Lösung
Aufgaben 1/2:

Lars landet auf einem weichen Sessel in einem seltsamen Raum.

Lars wird vom lauten Rasseln des vorbeifahrenden Schneemobils geweckt.

Lars klettert auf das Dach der Forschungsstation und fällt durch einen Schacht.

Lars irrt durch die dunklen Gänge, aber alle Fenster und Türen sind verschlossen.

Hugo und Lars folgen der Spur des Fahrzeugs und kommen zur Polarstation.

Im Abfall der Station finden Lars und Hugo Essensreste und machen ein Picknick.

Eine Schneelandschaft

KV Seite 32

Die Bastelvorlagen dienen dazu, die emotionale Bindung der Schüler an die Buchfiguren zu verstärken. Kinder haben in der Regel viel Freude daran, Tierfiguren zu basteln. Nutzen Sie die Vorlagen, um mit Ihren Schülern eine winterliche Landschaft zu gestalten. Dies kann mithilfe eines Schuhkartons geschehen, den jedes Kind von zu Hause mitbringt. Der Schuhkarton wird so aufgestellt, dass die offene Seite zu den Kindern zeigt. Regen Sie Ihre Schüler dann dazu an, das Innere des Kartons zu bemalen, zu bekleben und mit verschiedenen Materialien auszuschmücken. Für die Gestaltung der Landschaft können Watte, Moosgummi, Steine oder Glassteine benutzt werden, um beispielsweise Schnee und Eisflächen nachzubilden. Stellen Sie ausreichend Utensilien zur Verfügung. Um die Tiere stabiler zu machen, ist es sinnvoll, die Vorlagen vorher auf festeres Papier zu kopieren oder die Bilder auf Pappe zu kleben.

Die Rettungsaktion
Seite 29 bis 38

Inhalt

Während Lars in der Polarstation nach einem Ausgang sucht, kommt das Schneemobil zurück. Deshalb möchte Hugo den Eisbären trotz seiner Angst warnen und ihm helfen. Er klettert auf das Dach und wirft Schnee durch den Schacht, sodass der Forscher abgelenkt wird. Der Mann kommt zu Hugo aufs Dach, um ihm herunterzuhelfen, doch der verängstigte Hase flieht gemeinsam mit Lars, der durch eine offen stehende Tür entkommen kann.

Gesprächs- und Schreibanlässe

Lars' Herz klopft wie wild, als er kein geeignetes Versteck findet.

- Hast du auch schon einmal fieberhaft nach einem passenden Versteck gesucht? Erzähle.
- Welche körperlichen Anzeichen der Aufregung kennst du außer Herzklopfen noch? (zitternde Knie oder Hände, Schweißausbrüche, flaues Gefühl im Magen etc.)

Hugo möchte Lars helfen und nimmt all seinen Mut zusammen.

- Hast du selbst schon einmal einem Freund geholfen, obwohl du große Angst hattest? Erzähle.
- Wie hilft Hugo Lars aus der Klemme? Welche Ähnlichkeiten gibt es zu der Situation, in der Lars Hugo aus dem tiefen Loch gerettet hat? (beide fallen hinunter, beide verwenden Schnee für die Rettungsaktion)

So etwas ist dem Forscher noch nie passiert: Er sieht einen Schneehasen mit einem Eisbären rennen.

- Was denkt der Forscher wohl über Hugo und Lars?
- Ist dir auch schon einmal etwas Seltsames passiert, über das du dich sehr gewundert hast? Erzähle.

Hinweise zu den Kopiervorlagen

Gefahr!

Die Kopiervorlage fragt in spielerischer Form die Ereignisse an der Polarstation ab. Die Schüler werden mithilfe der ersten Aufgabe zu einer genauen Bildbetrachtung und Textrezeption angeregt. Das Lösungswort ermöglicht eine selbstständige Kontrolle, sodass sich die Seite gut als Hausaufgabe eignet.

Die Geheimschrift der letzten Aufgabe fordert von den Kindern eine genaue Untersuchung der Wörter und Wortgrenzen.

Lösung

Aufgabe 1:

An seinen Füßen trägt der Mann warme STIEFEL. Auf seiner Nase sitzt eine dunkle SONNENBRILLE. Der Mann hält seine dicke JACKE in der Hand. Vor dem Tisch steht ein SESSEL. Unter dem Tisch steht ein MÜLLEIMER. LARS hat sich unter dem Tisch versteckt. Hugo wirft SCHNEE in den Raum. Der Mann guckt nach OBEN.

Aufgabe 2:

Das Lösungswort lautet: FORSCHER.

Aufgabe 3:

Der Mann holt eine Leiter und klettert auf das Dach.

Weiterführende Anregungen

- Die Schüler können sich eigene Sätze zur Textstelle ausdenken und in Geheimschrift aufschreiben. Ein Partner versucht, diese zu lösen. Solche Aufgaben schulen auf spielerische Art und Weise das genaue Lesen.
- Die Ausstattung im Inneren der Polarstation (Lektüre Seite 33) wird sicher die Neugier technisch interessierter Kinder wecken. Lassen Sie Ihre Klasse im Plenum Ideen zusammentragen, wozu welche Knöpfe, Hebel, Messgeräte und Anzeigen wohl gebraucht werden. Dabei sind der Fantasie keine Grenzen gesetzt.

KV Seite 34

Die Begegnung mit dem Forscher

Bei der ersten Aufgabe der Kopiervorlage stellen die Kinder ihre Textkenntnis unter Beweis, indem sie den jeweils passenden Gedanken von Hugo und dem Forscher anmalen. Weiterführend ergänzen sie eigene Ideen. Weisen Sie Ihre Schüler darauf hin, dass sie dabei entweder vertiefend auf die Situation eingehen und Hugos Angst und die Verwunderung des Forschers näher erläutern können oder abschweifende Gedanken eintragen dürfen.

Da im Buch offenbleibt, wie der Forscher ohne Leiter vom Dach der Polarstation herunterkommt, ist bei der dritten Aufgabe die Fantasie der Schüler gefragt. Sie setzen ihre Lösung in einem Comic um. Als Hilfestellung zum Aussehen der Polarstation sollten die Kinder noch einmal die Buchseiten 21, 22, 24, 35 und 36 genau betrachten. So können sie den Mann beispielsweise vom Dach hinunterklettern lassen. Oder vielleicht ist er so mutig und springt gar vom Dach? Oder er zwängt sich durch den Schacht, durch den Lars ins Innere der Station gelangt ist? Viele Möglichkeiten einer zeichnerischen Umsetzung sind denkbar.

Lösung

Aufgabe 1:

Folgende Gedankenblasen müssen angemalt werden:
Hilfe! Ich habe solche Angst vor dem Mann.
Was macht ein Hase auf dem Dach? Ich werde ihm herunterhelfen.

Weiterführende Anregung

Fordern Sie Ihre Schüler dazu auf, sich in die Situation des Forschers hineinzuversetzen und aus seiner Sicht einen Brief über das Erlebte an seine Frau zu verfassen. Dies ist eine sehr anspruchsvolle Aufgabe, da die Kinder von der Wahrnehmung des Forschers und seinen beschränkten Kenntnissen ausgehen müssen. Sie selbst kennen Lars und Hugo ja viel besser und wissen, wie es zu der Rettungsaktion gekommen ist. Regen Sie Ihre Schüler außerdem dazu an, möglichst alle der unten angeführten Punkte im Brief zu erwähnen, und erinnern Sie sie an die Anrede und Grußformel, die zu einem Brief gehören (siehe KV „Ein Brief vom Nordpol“, Seite 17):

- Grund für Fahrt mit Schneemobil
- Schnee im Inneren der Polarstation

- Begegnung mit Schneehase auf Dach
- gemeinsame Flucht von Schneehase und Eisbär
- Rettungsaktion vom Dach (ohne Leiter)

KV Seite 35

Hugos Sprung vom Dach
Die Abbildung von Buchseite 36 wird hier als Puzzle angeboten. Die Seite eignet sich besonders für leistungsschwächere Kinder, da sie schnell zu einem Erfolgserlebnis führt.

Lösung

Ein neuer Freund
Seite 38 bis 43

Inhalt

Hugo und Lars fliehen, so schnell sie können, von der Polarstation, wobei Hugo der schnellere Läufer ist. Dieses Mal hat der kleine Eisbär große Angst und wird vom Schneehasen beruhigt. Lars erkennt Hugos Mut an und nennt ihn nie wieder „Angsthase“. Die beiden werden gute Freunde.

Gesprächs- und Schreibanlässe

Hugo ist viel schneller als Lars.
- Was kannst du besser bzw. schlechter als dein Freund? Worin seid ihr gleich gut?

Lars hat Hugo nie mehr „Angsthase“ genannt.
- Was hältst du von solchen Bezeichnungen?

Hinweise zu den Kopiervorlagen

Ende gut – alles gut
Auf der Kopiervorlage werden die Kinder auf die unterschiedlichen Wesenszüge von Hugo und Lars hingewiesen. Sie sollen sich in die Rolle des Eisbären und des Schneehasen hineinversetzen und die Gründe für ihre Freundschaft herausarbeiten.

Die Frage nach dem eigenen Freund oder der Freundin bezieht sich auf die Lebenswelt der Schüler. Sie werden dazu aufgefordert, über die Eigenschaften dieser Person nachzudenken und zu überlegen, was ihnen Freundschaft bedeutet.

Beispiellösung
Aufgabe 1:
Das mag ich an Hugo: Er hilft mir, wenn ich ihn wirklich brauche. Ich finde es gut, dass er überlegt, bevor er handelt.
Das mag ich an Lars: Er ist immer so mutig und hilfsbereit. Für jedes Problem fällt ihm eine Lösung ein.

Weiterführende Anregung
Regen Sie Ihre Schüler dazu an, die Stärken ihrer Geschwister oder ihrer Eltern auf ähnliche Weise aufzuschreiben, wie auf der Kopiervorlage vorgegeben: Das mag ich an meinem Bruder … / Das mag ich an meiner Mutter …

Umgang mit Beschimpfungen
Es gibt eine Vielzahl von Beleidigungen, die mit Tieren zu tun haben. Diese sind den Schülern wahrscheinlich bekannt und werden von ihnen vielleicht auch verwendet. Die Kopiervorlage soll dazu anregen,

über den Ursprung und die Verwendung dieser Beleidigungen nachzudenken. Während einige im Verhalten der Tiere begründet sind (z. B. laufen Hasen bei Gefahr schnell weg, Schnecken bewegen sich vergleichsweise langsam fort), werden andere Eigenschaften eher willkürlich zugeordnet (z. B. die angebliche Dummheit von Kühen).

Die Schüler werden dazu aufgefordert, sich über Beleidigungen, durch die sie selbst schon einmal verletzt wurden, auszutauschen. Auf diese Weise können sie dafür sensibilisiert werden, dass Schimpfwörter verletzend sind und deshalb nicht verwendet werden sollten. Überlassen Sie es Ihren Schülern, ob Sie bei dem Gespräch nur auf „tierische" Beschimpfungen eingehen möchten oder ob sie das Thema allgemein besprechen wollen.

Wie verhält man sich am besten, wenn man beleidigt wird? Als Gesprächsgrundlage werden auf der Kopiervorlage mehrere Verhaltensmöglichkeiten aufgezeigt, welche die Schüler in positive und negative Reaktionen einteilen. Außerdem können sie selbstständig eine Möglichkeit ergänzen. Bei dem anschließenden Gespräch sollte herausgearbeitet werden, dass Beleidigungen oder gar körperliche Aggression keine geeigneten Wege sind, Beschimpfungen zu begegnen. In der Regel führen sie zu einer Spirale von verbalen Attacken oder Handgreiflichkeiten.

Die letzte Aufgabe zeigt Ihren Schülern, dass Tiere nicht nur für Beleidigungen herhalten müssen, sondern ihnen auch positive Eigenschaften zugeschrieben werden. Indem die Kinder die Unterscheidung in Lob und Beleidigung vornehmen, machen sie sich dieses sprachliche Phänomen bewusst. Lassen Sie sie weiterführend noch mehr positive Vergleiche sammeln, z. B.: Du bist flink wie ein Wiesel. Du hast ein Gedächtnis wie ein Elefant. Du kannst brüllen wie ein Löwe. Du hast Ohren wie ein Luchs.

Lösung

Aufgabe 2:

blau: Ich sage deutlich, dass ich nicht beleidigt werden will. Ich drehe mich um und gehe weg. Ich denke mir einen lustigen Spruch für den anderen aus. Ich gehe zu einem Lehrer und lasse mir helfen.

rot: Ich beleidige den anderen auch. Ich schlage zu.

Aufgabe 3:

gelb: Du bist lahm wie eine Schnecke. Du bist stur wie ein Esel.

grün: Du bist schlau wie ein Fuchs. Du bist fleißig wie eine Biene. Du bist stark wie ein Bär.

Weiterführende Anregung

Regen Sie Ihre Schüler dazu an, aus der Sicht der beleidigten Tierarten Stellung zu den Verunglimpfungen zu nehmen, z. B. „Du fauler Hund": Ich helfe blinden Menschen in ihrem Alltag und Jägern bei der Jagd. Ich werde bei Katastrophen eingesetzt und rette Menschenleben. Ich arbeite auch bei der Polizei. Ich bin also alles andere als faul.

KV Seite 38

Angsthasen und Bücherwürmer

Auf der Kopiervorlage wird die Zusammensetzung von Nomen geübt, die ein Tier als Grundwort haben. Dabei wurden Besonderheiten wie Fugen-n und Fugen-s bereits vorgegeben. Dies erleichtert es schnelleren Kindern, die neuen Nomen weiterführend in ihr Heft zu schreiben. Sie müssen lediglich darauf achten, den Tiernamen kleinzuschreiben.

Durch die Verbindung des Tiernamens mit dem Bestimmungswort erhalten die Komposita jeweils eine ganz neue Bedeutung. Daher sollen die Kinder bei der zweiten Aufgabe die Erklärungen passend zuordnen. Lassen Sie differenzierend leistungsstärkere Schüler weitere der angegebenen Begriffe mit eigenen Worten erläutern. Die Kopiervorlage hat das Ziel, den Reichtum der deutschen Sprache und ihre Bildhaftigkeit aufzuzeigen.

Lösung

Aufgabe 1:

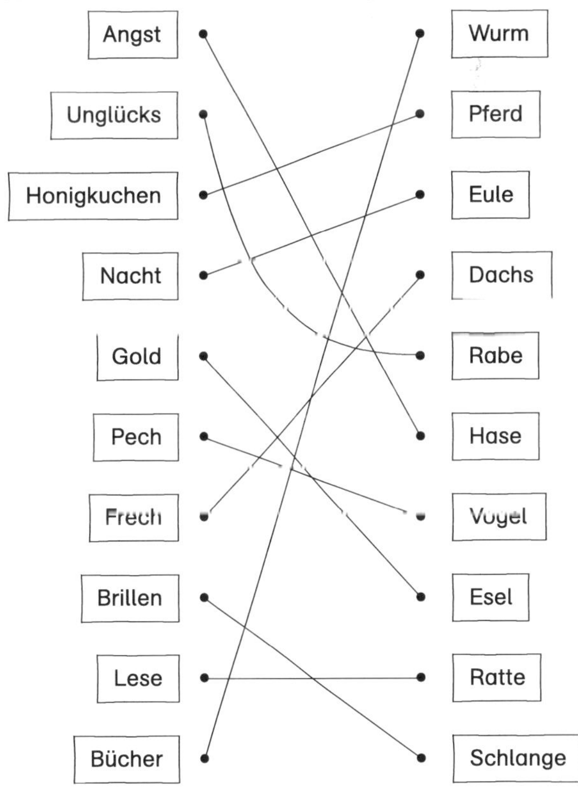

Aufgabe 2:
Bücherwurm: jemand, der gern liest
Nachteule: jemand, der bis spät in die Nacht aufbleibt
Unglücksrabe: jemand, der oft Pech hat

Eisbären-Rap

Die Form des Raps spricht die Kinder besonders an. Der Text fasst den Inhalt des Buches zusammen. Lassen Sie die Schüler das rhythmische Sprechen zu Hause üben. Freiwillige dürfen den Rap dann in der Klasse vortragen. Stellen Sie dazu Ihren Schülern verschiedene Rhythmusinstrumente (Klangstäbe, Schütteleier etc.) zur Verfügung, mit denen sie ihren Vortrag untermalen können.

Erfinden Sie gemeinsam mit Ihrer Klasse eigene Strophen und bauen sie diese in den Rap ein.

Weiterer Unterrichtsvorschlag

Es gibt viele Redewendungen, in denen der Begriff „Bär" auftaucht, z. B. bärenstark sein, da ist der Bär los, einen Bärenhunger haben, jemandem einen Bären aufbinden. Nehmen Sie den thematischen Bezug zum Anlass, um die Schüler mit diesen Redewendungen vertraut zu machen und gemeinsam die jeweilige Bedeutung zu klären.

Nach der Lektüre

Hinweise zu den Kopiervorlagen

Lars und Hugo unterwegs

Zum Abschluss kann mithilfe des Würfelspiels die Lektüre noch einmal aufbereitet werden. Kopieren Sie die beiden Spielplanseiten und kleben Sie sie zusammen. Die Karten werden ebenfalls kopiert, zur besseren Haltbarkeit laminiert, ausgeschnitten und verdeckt auf die entsprechenden Felder des Plans gelegt. Jeweils zwei bis vier Spieler treten gegeneinander an. Als Spielsteine können Stiftkappen, Radiergummis, verschiedene Centmünzen oder Ähnliches benutzt werden. Stellen Sie außerdem genügend Würfel zur Verfügung.

Anhand der Sprachkarten stellen die Kinder nicht nur unter Beweis, dass sie genau gelesen haben und schwierige Wörter buchstabieren können. Sie finden auch passende Reimwörter, ordnen Wortarten zu und benennen die Silbenanzahl wichtiger Begriffe. Bei einer richtigen Antwort darf der Geprüfte zwei Felder vorrücken. Kann er die Aufgabe nicht lösen, bleibt er auf dem Feld stehen. Weisen Sie Ihre Schüler vor Spielbeginn noch einmal darauf hin, dass immer der linke Nachbar desjenigen, der auf das Sprachfeld gekommen ist, die Karte ziehen und vorlesen darf. Dabei ist darauf zu achten, nicht versehentlich die Lösung vorwegzunehmen.

Daneben werden bei den Ereigniskarten Situationen aus der Lektüre aufgegriffen, die entweder das Vorankommen beschleunigen oder erschweren. Wer als Erster mit genauer Würfelzahl das Bild in der Mitte erreicht hat, ist Sieger.

Durch die Blankokärtchen kann das Spiel beliebig erweitert werden.

KV Seite 44

Spurendomino

Direkt am Nordpol können nur wenige Pflanzen- und Tierarten überleben. Allerdings bilden die großen Treibeisfelder den Lebensraum der Eisbären. Auch Robben, zahlreiche Vögel, Eisfüchse und Schneehasen sind in der Arktis und der dazugehörigen Tundra beheimatet. Diese Tiere hinterlassen Spuren im Schnee, die den Kindern durch das Domino auf spielerische Art und Weise nähergebracht werden.

Lösung

START	Eisbär
	Schneegans
	Polarfuchs

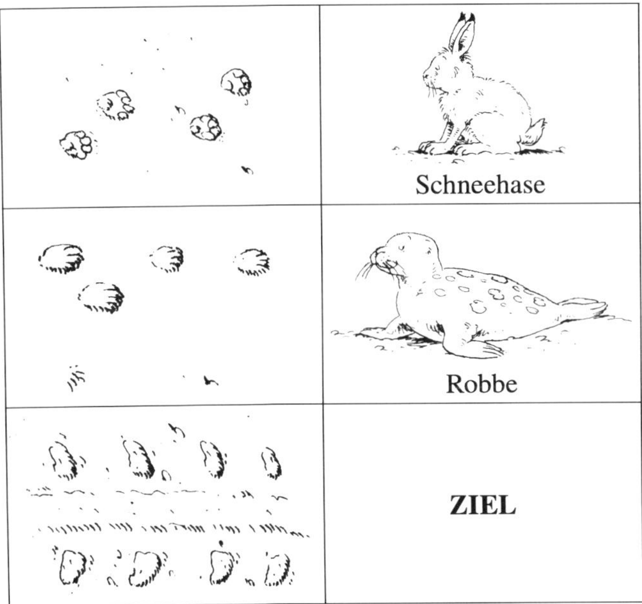

Weiterführende Anregung

Gerade im Winter kann man im Schnee viele Spuren entdecken. Veranstalten Sie deshalb mit Ihrer Klasse einen Winterspaziergang und lassen Sie sie die nähere Umgebung erkunden. Dabei können sich die Kinder mit heimischen Tierarten vertraut machen. Vertiefende Informationen sowie Spurbilder zu den verschiedensten Wildtieren finden Sie im Internet.

Interview mit einem Polarforscher

KV Seite 45/46

Der Polarforscher Dr. Dirk Notz ist Leiter der Forschungsgruppe „Meereis im Erdsystem" am Max-Planck-Institut für Meteorologie in Hamburg. Ziel seiner Forschung ist es, die Rolle des arktischen Meereises im Klimasystem aufzuklären. Dafür ist er immer wieder auf Expeditionen in der Arktis. In seinen Veröffentlichungen weist er darauf hin, dass die Auswirkungen des Klimawandels schon heute spürbar sind und dass sich dieser gefährliche Prozess nur durch ein Aufhalten der globalen Erwärmung stoppen ließe. Es ist ihm wichtig, der Öffentlichkeit seine wissenschaftlichen Erkenntnisse verständlich zu vermitteln, um die ernsthaften Konsequenzen, die mit der Erderwärmung und dem Rückgang des Meereises verbunden sind, aufzuzeigen. Sein Engagement für den Klimaschutz beweist er unter anderem als Mitorganisator internationaler Jugendcamps, die sich mit dem Klimawandel in der Arktis befassen.

Seine Antworten auf sechs fiktive Kinderfragen stellen die Arbeit eines Polarforschers gleichsam fach- wie kindgerecht dar. Da es sich hierbei um einen sehr anspruchsvollen Text handelt, bietet es sich an, dass Sie das Interview zuerst vorlesen und dann gemeinsam mit der Klasse Schritt für Schritt erarbeiten.

Indem Ihre Schüler eigenständig Fragen ergänzen, können sie individuelle Interessen zum Ausdruck bringen.

Weiterführende Anregung

Um sich dem Thema „Polarforscher" spielerisch zu nähern, kann das bekannte Spiel „Ich packe meinen Koffer" abgewandelt werden: „Ich packe für meine Reise in die Arktis und nehme mit: …"

Der Klimawandel

Das Klima ist die Gesamtheit des Wetters über einen längeren Zeitraum in einer bestimmten Region. Zurzeit vollzieht sich ein Klimawandel: Es kommt zur globalen Erderwärmung. Grund dafür sind die Treibhausgase, welche zum einen durch den Kohlendioxidausstoß von Autos, Flugzeugen oder Fabriken, zum anderen durch Gase wie Methan, welches vor allem von Rindern produziert wird, entstehen. Die Treibhausgase, die zum größten Teil von den wohlhabenden Industrieländern verursacht werden, verhindern die Abführung der Wärmestrahlung ins All. Kurz gesagt: Die Sonnenstrahlen kommen auf der Erde an, aber die Wärmestrahlen können nicht entweichen. In der Folge heizt sich das Schutzschild unseres Planeten, die Atmosphäre, immer mehr auf und die Erde erwärmt sich. Das führt dazu, dass die Pole schmelzen und der Meeresspiegel ansteigt. Es kommt zu Überschwemmungen von tief liegenden Regionen wie beispielsweise der Lagunenstadt Venedig und zu Dürreperioden in ohnehin trockenen Gegenden wie den Wüstenregionen Afrikas. Unter den veränderten Bedingungen leidet auch die Tier- und Pflanzenwelt, deren natürliche Lebensräume zerstört werden. Im Gegensatz zum Menschen können die meisten Tierarten sich nicht schnell genug anpassen. Täglich sterben an die einhundertdreißig Tier- und Pflanzenarten aus. Um der Erderwärmung entgegenzuwirken, ist weltweit ein erhöhtes Engagement für den Klimaschutz nötig. Die Politik muss verbindliche Ziele und Regeln einführen. Aber auch jeder Einzelne kann seinen Teil beitragen, indem er Energie spart und weniger Müll produziert.

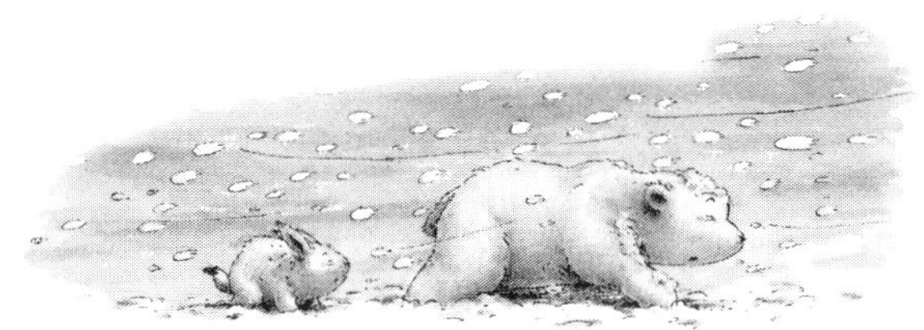

Lars und der Klimawandel

Das Gespräch zwischen Hugo und Lars thematisiert die Folgen des Klimawandels für die Eisbären: Der Temperaturanstieg und das damit einhergehende Tauen des Eises bewirken, dass der Eisbär wichtige Jagdgebiete verliert, wodurch seine Nahrungsgrundlage gefährdet ist. Lassen Sie Ihre Schüler den Dialog mit verteilten Rollen lesen, sodass sie sich in die Protagonisten hineinversetzen können. Für die Unterhaltung können die Stabpuppen von Seite 27 verwendet werden.

Nutzen Sie die Seite, um mit den Kindern zu besprechen, was sie selbst gegen den Klimawandel tun können. Ein Stopp der globalen Erwärmung lässt sich nach Aussagen von Wissenschaftlern nur dann erreichen, wenn die Konzentration von Treibhausgasen wie z. B. Kohlendioxid nicht weiter ansteigt. Treibhausgase entstehen bei der Energiegewinnung aus Kohle, Erdöl oder Erdgas. Klimaschutz fordert aber auch von jedem Einzelnen das Einsparen von Energie, beispielsweise durch folgende Punkte:

- Fleischkonsum verursacht mehr Treibhausgase als der Konsum von Obst, Gemüse und Getreide. Daher sollte weniger Fleisch und mehr heimisches Obst und Gemüse gegessen werden.
- Aufwendige Verpackungen bei Getränken und Nahrungsmitteln sind ebenfalls mit einem hohen Energieverbrauch verbunden. Daher sollten nur in Ausnahmefällen Tetra Paks und Einwegflaschen benutzt werden. Getränke für die Schule können am besten aus größeren Pfandflaschen in kleinere, wiederverwendbare Flaschen umgefüllt werden.
- Das Benutzen öffentlicher Verkehrsmittel ist klimafreundlicher, als mit dem Auto zu fahren, da Bus und Bahn von vielen Menschen geteilt werden. Kurze Strecken kann man auch zu Fuß gehen oder mit dem Fahrrad fahren. Flugzeuge sind besonders schädlich für unser Klima, weil sie noch viel mehr Kohlendioxid ausstoßen als zum Beispiel Autos.
- Sinnvolles Heizen und Lüften von Räumen kann helfen, Energie zu sparen.
- Elektrogeräte sollten nicht ständig im Stand-by-Modus bleiben, sondern abgeschaltet werden, wenn man sie nicht benutzt. Außerdem kann man Strom sparen, wenn man beim Verlassen des Zimmers das Licht ausschaltet.
- Mülltrennung und das Verwenden recycelter Materialien (z. B. Toilettenpapier aus Altpapier) helfen ebenfalls, Energie zu sparen.

Weiterführende Anregungen

- Lassen Sie Ihre Schüler das Gespräch zwischen Lars und Hugo weiterführen. Die Tiere können beispielsweise auf die Idee kommen, mit dem Forscher über den Klimawandel und den Einfluss des Menschen darauf zu sprechen. In Gruppen verfassen die Kinder den Fortgang des Dialogs und fertigen eine Stabpuppe des Forschers an.
- Die Schüler können auf Plakaten zusammentragen, was sie selbst gegen den Klimawandel tun können.

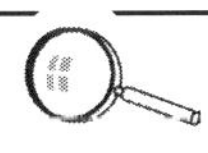

Name:

lesen schreiben forschen malen/basteln rätseln spielen

Ein Brief vom Nordpol

Lies den Brief, den Lars und Hugo geschrieben haben.

Nordpol, im Winter

Liebe Kinder,

ganz herzliche Grüße vom Nordpol!
Ihr wundert Euch sicher, warum Ihr von uns Post bekommt.
Nun, es ist so: Wir hörten, dass Ihr gern Geschichten lest,
und wir möchten Euch unsere Geschichte erzählen.
Wir heißen Lars und Hugo und sind ein kleiner Eisbär (das ist Lars)
und ein kleiner Schneehase (das ist Hugo).
Wir sind dicke Freunde und spielen gern zusammen.
Klar ist unsere Freundschaft ein bisschen ungewöhnlich,
denn normalerweise spielen Eisbärenkinder ja mit Eisbärenkindern
und Schneehasenkinder mit Schneehasenkindern.
Aber wir sind uns eines Tages zufällig begegnet und haben zusammen
ganz aufregende Dinge erlebt. Von einem solchen Abenteuer
erzählt das Buch „Der kleine Eisbär und der Angsthase".
Mehr wollen wir noch gar nicht verraten.
Wir hoffen, wir haben Eure Neugier
geweckt, und wünschen Euch
ganz viel Spaß beim Lesen!

Eisige Nordpolgrüße von
Lars und Hugo

Wie neugierig bist du auf das Buch? Kreuze an.

gar nicht neugierig	ein bisschen neugierig	neugierig	sehr neugierig	super-neugierig

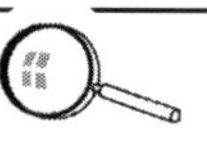

Name:

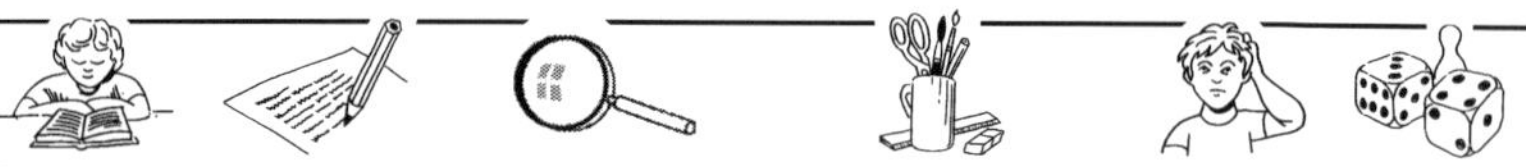

lesen **schreiben** forschen malen/basteln rätseln spielen

Mein neues Buch

Sieh dir den Umschlag deines Buches genau an. Was fällt dir dazu ein? Schreibe deine Gedanken, Fragen und Vermutungen auf.

Beantworte die Fragen.

Wie heißt das Buch? (Titel)

Wer hat das Buch geschrieben? (Autor)

Wer hat das Buch veröffentlicht? (Verlag)

Name:

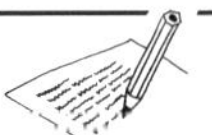
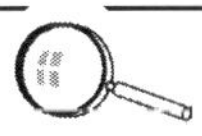

lesen **schreiben** forschen malen/basteln rätseln spielen

Lars, der kleine Eisbär

Welche Satzteile gehören zusammen? Verbinde.

Tipp: Lies auf den Seiten 7 bis 9 nach.

Lars ist •	• auf einem Hügel.
Er lebt •	• meist sehr still.
Lars sitzt oft •	• ein kleiner Eisbär.
Am Nordpol ist es •	• am Nordpol.

Wie ist Lars? Kreise die passenden Wörter ein.

klein groß braun einsam wütend

hässlich niedlich weiß mutig vorsichtig

Lars hört ein lautes Wimmern aus einem tiefen Loch.
Was denkt er wohl, als er an das Loch kriecht? Schreibe auf.

Name:

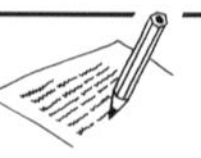
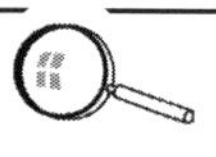

Die Begegnung mit dem Schneehasen

Was könnte der kleine Schneehase denken, als er Lars sieht?
Male die passenden Denkblasen an.

Endlich kommt Hilfe! Ich bin gerettet.

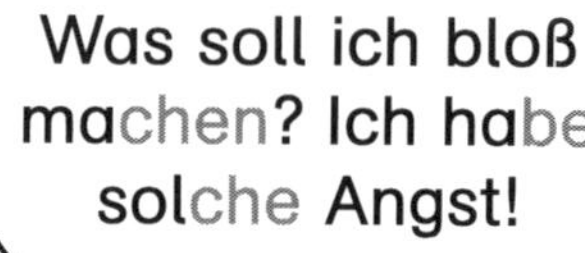

Wenn der Eisbär mich angreift, werde ich mutig gegen ihn kämpfen.

Oh nein! Ein Eisbär! Ob er mich fressen will?

Beantworte die Fragen und kreuze die richtigen Sätze an. Die Buchstaben dahinter ergeben ein Lösungswort. Schreibe es auf.

Tipp: Lies auf den Seiten 11 und 12 nach. Einmal sind zwei Sätze richtig.

1. Wie hilft Lars dem kleinen Hasen?
- ☐ Er wirft Schnee in das Loch, damit der Hase darauf hochklettern kann. **S**
- ☐ Er holt ein Seil und zieht den Hasen damit hoch. **K**

2. Wie heißt der Hase?
- ☐ Der Hase heißt Fred. **M**
- ☐ Sein Name ist Hugo. **T**

3. Was spielen Lars und Hugo zusammen?
- ☐ Sie rennen um die Wette. **I**
- ☐ Sie werfen mit Schneebällen. **H**
- ☐ Sie spielen Verstecken. **M**

4. Warum nennt Lars den Hasen „Angsthase“?
- ☐ Hugo traut sich nicht, einen steilen Hang hinunterzukugeln. **M**
- ☐ Hugo hat Angst vor Schnee. **O**

5. Was will Lars dem kleinen Hasen zeigen?
- ☐ Er will ihm zeigen, dass er sehr kräftig ist. **R**
- ☐ Er will zeigen, was für ein mutiger Eisbär er ist. **T**

Das Lösungswort lautet: ______________.

Name:

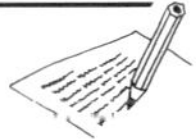
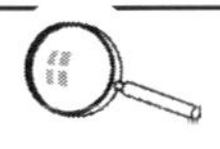

lesen | schreiben | forschen | malen/basteln | rätseln | spielen

Polartier gesucht

Lies den Text. Um welches Tier geht es? Ergänze die Überschrift.

Pinguin

Eisbär

Schneehase

Der ______________

Dieses Tier lebt am Nordpol. Es kann bis zu fünfhundert Kilogramm schwer werden und bis zu zweieinhalb Meter lang. Unter seinem dichten Fell hat es eine dicke Fettschicht. So kann ihm die eisige Kälte nichts anhaben.

Das Tier ist eines der größten Landraubtiere. Es kann bei der Jagd bis zu vierzig Stundenkilometer schnell werden. Außerdem ist es ein hervorragender Schwimmer. Im Wasser wird der schwere Körper elegant und leicht. Zwischen den langen schwarzen Krallen befinden sich Schwimmhäute.

Am liebsten frisst dieses Tier Robben. Aber auch Fische, Hasen und Walrosse gehören zur Nahrung. Im Sommer ernährt sich das Tier auch von Blättern und Früchten.

Etwa alle drei Jahre bekommen die Weibchen Junge, meistens gleich zwei. Zur Geburt ziehen sich die Weibchen von Oktober bis März in eine Höhle zurück. Die Jungen sind anfangs blind, taub und ziemlich klein.

Im Gegensatz zu anderen Arten halten diese Tiere keinen Winterschlaf, denn im Winter können sie besonders gut Robben jagen.

In freier Natur werden die Tiere ungefähr fünfundzwanzig bis dreißig Jahre alt. Im Zoo können sie bis zu fünfundvierzig Jahre erreichen.

Ergänze den Steckbrief.

Name: ______________ Alter: ______________

Gewicht: ______________ ______________

Größe: ______________ ______________

Name:

lesen **schreiben** **forschen** malen/basteln rätseln spielen

Was weißt du über Schneehasen?

Lies den Text und setze die Wörter passend in die Lücken ein.

Pfoten | schwarz | Junge

Fellfarbe | Feldhasen | Kälte | Fell

Der Schneehase ist mit dem Europäischen __________ verwandt. Schneehasen leben in den Gebirgen und Wäldern von Nordeuropa, Nordasien, Nordamerika und in den Eislandschaften der Arktis. Im Sommer ist das __________ des Schneehasen graubraun. Vor dem Winter wechseln die Schneehasen ihre __________. Sie bekommen dann weißes Fell. Nur die Ohrspitzen sind noch __________. So sind die Hasen in der Winterlandschaft kaum zu erkennen. Schneehasen sind ungefähr siebzig Zentimeter groß und etwa drei bis fünf Kilogramm schwer. Sie können bis zu acht Jahre alt werden. Das Weibchen bringt zweimal im Jahr zwei bis fünf __________ zur Welt. Die __________ des Schneehasen sind groß und stark behaart. So wird verhindert, dass er im Schnee einsinkt. Der Schneehase kann sehr große __________ vertragen.

Verlaufen!

Lars und Hugo haben sich im Schneesturm verlaufen.

Wer sagt was? Verbinde die Sprechblasen richtig.

Tipp: Lies auf den Seiten 14 bis 17 nach.

Wenn es schneit, muss ich nach Hause.

Schade. Ich geh noch ein Stück mit.

Keine Angst. Klar finden wir zurück. Ich habe mich schon oft verlaufen. Und ich habe immer nach Hause gefunden.

Weißt du noch, wo wir sind?

Komm, lass uns einen Hügel aus Schnee bauen. Der schützt uns gegen den Wind. Wir warten dann, bis wir weiterkönnen.

Wo sind wir? Jetzt finden wir nie mehr nach Hause.

Ordne die Adjektive zu und male an: blau = Hugo, gelb = Lars.

gehorsam	ängstlich	freundlich
einfallsreich	verzweifelt	hoffnungsvoll

Name:

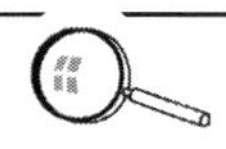

lesen schreiben forschen malen/basteln **rätseln** spielen

Wo geht's lang?

Hilf Lars und Hugo, dem Schneesturm zu entkommen und nach Hause zu finden.

Suche zuerst nur mit den Augen den jeweils richtigen Weg.
Zeichne dann ein: grün = Hugo, rot = Lars.
Achtung: Lass die beiden nicht durch den Schneesturm laufen.

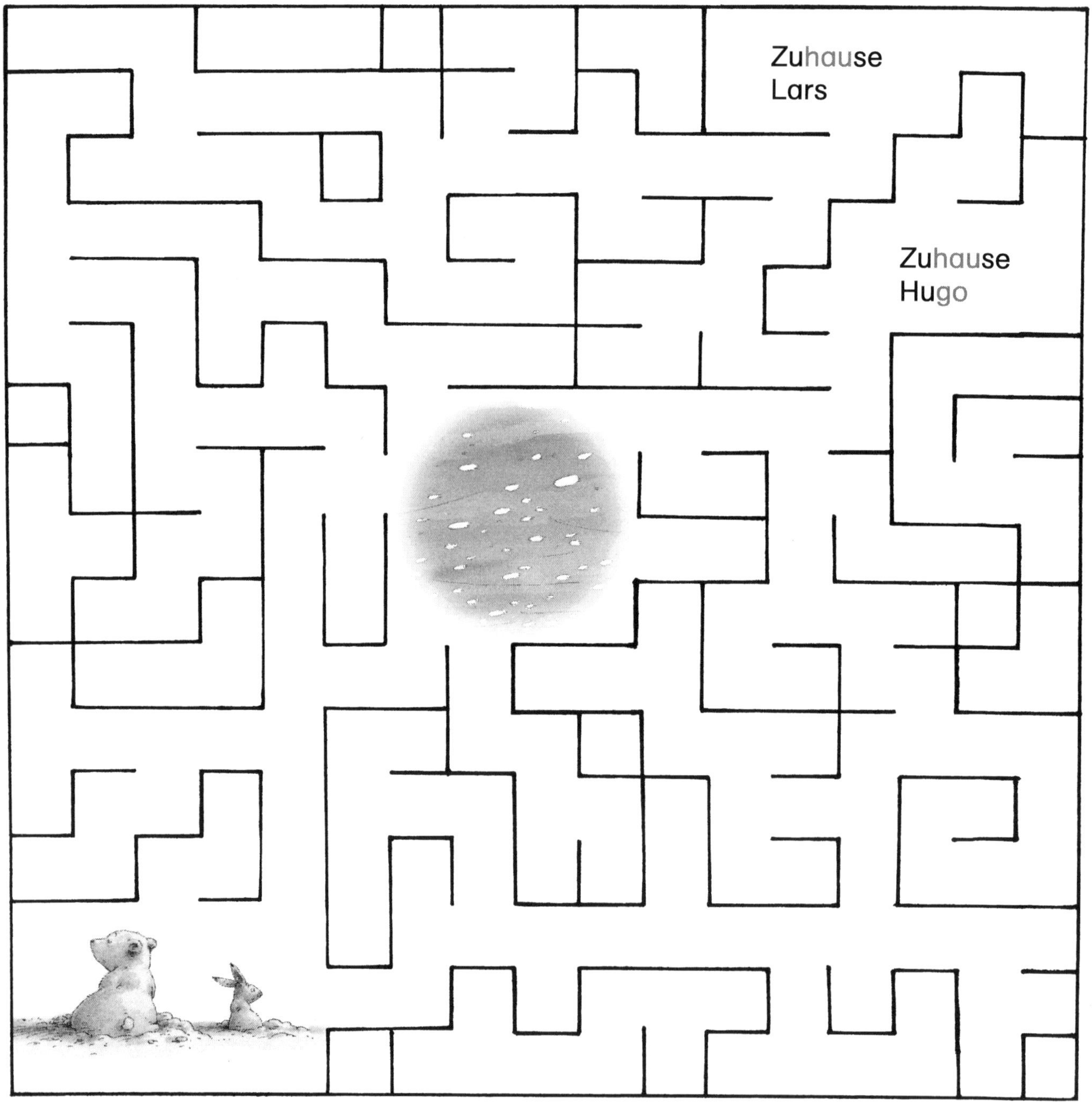

Zuhause Lars

Zuhause Hugo

Im Schneesturm – Ein Stabpuppenspiel (1)

Erzähler Es fängt an zu schneien.

(Im Hintergrund werden Watteböllchen in die Luft geworfen.)

Oh, Schnee!
Wenn es schneit,
muss ich nach Hause.
Das wollen meine Eltern.

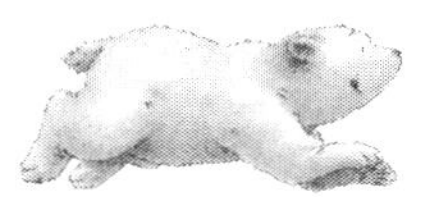

Schade.
Gerade war es so lustig.
Aber ich geh noch ein Stück mit.

Das ist schön.
Dann muss ich nicht allein gehen.
(Hugo dreht sich in verschiedene Richtungen.)
Lars, weißt du eigentlich noch, wo wir sind?

(Im Hintergrund werden wieder Watteböllchen in die Luft geworfen.)

(Lars dreht sich auch in verschiedene Richtungen.)
Hm, ich glaube, wir müssen da lang.

Erzähler Aber Lars ist sich gar nicht sicher,
ob die Richtung stimmt.
Es schneit immer heftiger.
Lars und Hugo tappen weiter.
Sie können kaum noch etwas sehen.

(Im Hintergrund werden noch mehr Watteböllchen in die Luft geworfen.)

(sehr ängstlich)
Oh nein!
Ich kann den Weg nicht mehr erkennen.
Was sollen wir bloß tun?
Ich habe solche Angst!

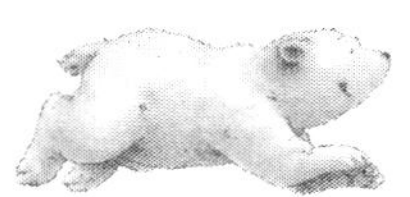

Komm, lass uns einen Hügel
aus Schnee bauen.
Der schützt uns gegen den Wind.
Wir warten dann, bis wir weiterkönnen.

(Schneehügel wird hochgehalten. Lars und Hugo stellen sich dahinter.)

Im Schneesturm – Ein Stabpuppenspiel (2)

Erzähler Endlich hört es auf zu schneien.
Lars und Hugo schauen sich um.
Sie stecken bis zum Hals im Schnee.

(verzweifelt)
Wo sind wir?
Jetzt finden wir nie mehr nach Hause.

(beruhigend)
Keine Angst.
Klar finden wir zurück.
Ich habe mich schon oft verlaufen.
Und ich habe immer
nach Hause gefunden.

Aber es wird schon dunkel.

(energisch)
Dann suchen wir eben morgen weiter.
Wir machen uns einen neuen Hügel.
Wir schlafen.
Und wenn es hell wird,
finden wir schon nach Hause.

Hoffentlich hast du recht.

(Schneehügel wird hochgehalten. Lars und Hugo stellen sich dahinter.)

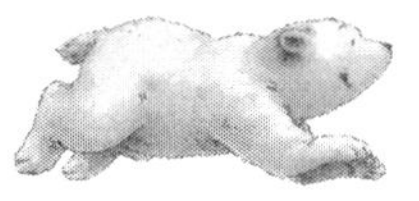

Komm ganz dicht an mich heran, Hugo.
Ich wärme dich.
Und mach dir keine Sorgen.
Morgen finden wir wieder nach Hause.

(Hugo rückt ganz nah an Lars heran.)
Danke, Lars. Schlaf gut!

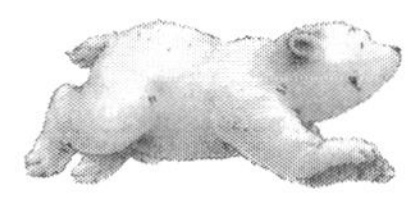

Gute Nacht, Hugo!

Im Schneesturm – Ein Stabpuppenspiel (3)

Schneide die Vorlagen grob aus.

Klebe die Vorlagen auf Pappe und schneide sie ordentlich aus.
Klebe hinten einen dünnen Holzstab auf.
Verwende sie für das Stabpuppenspiel.

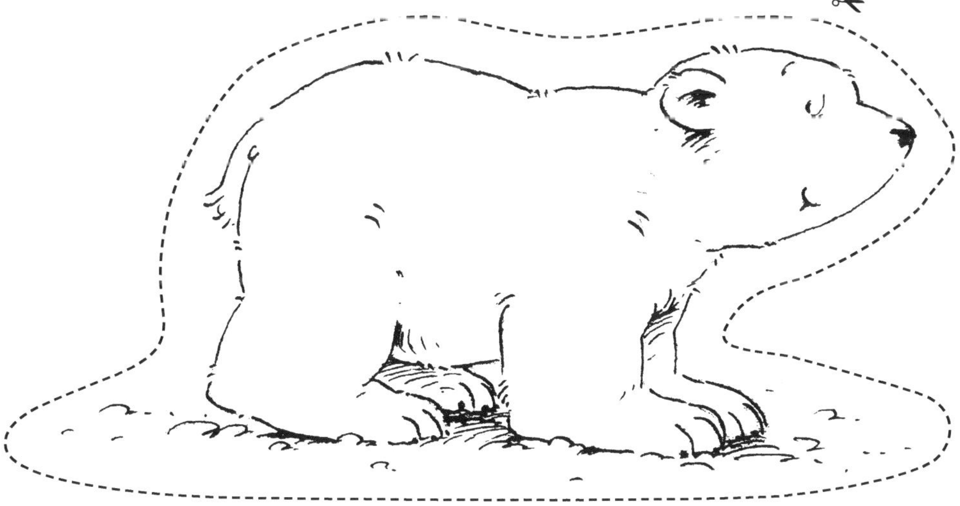

Name:

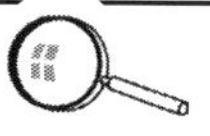

lesen **schreiben** forschen malen/basteln rätseln spielen

Verlaufen! Was tun?

Lars und Hugo wissen nicht mehr, wo sie sind.

Hast du dich auch schon einmal verlaufen? Wie hast du dich dabei gefühlt? Was hast du unternommen und wer hat dir geholfen? Schreibe auf.

Wenn du nicht mehr weißt, wo du bist, hast du mehrere Möglichkeiten. Lies dir die Tipps und Verhaltensregeln durch.

Wenn du jemanden zum Beispiel in der Stadt, im Zoo oder im Wald verlierst, geh zu der Stelle, an der ihr zuletzt zusammen wart.

Geh nie mit einem Fremden mit und steige nie in ein fremdes Auto!

Wenn du deine Eltern in einem Kaufhaus verlierst, geh zu einem Mitarbeiter oder zur Kasse und bitte darum, deine Eltern auszurufen.

Fülle den Zettel aus und trage ihn immer bei dir.

✂

Mein Name:

So heißen meine Eltern:

Meine Adresse:

Wichtige Telefonnummern:

Name:

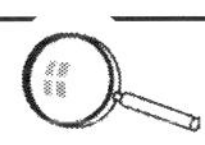

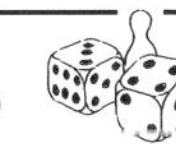

lesen schreiben forschen **malen/basteln** rätseln spielen

Schöne Schneekristalle

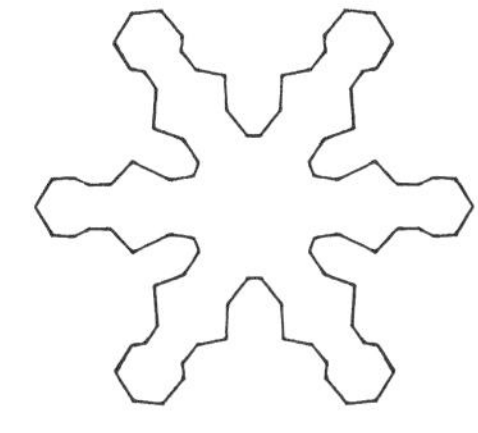

Du brauchst:

- Schere
- Klebeband

So geht's:

1. Schneide die zwei großen Vierecke aus.
2. Falte sie an den Linien jeweils zu einem kleineren Viereck zusammen. Achte darauf, dass der vorgezeichnete Umriss außen zu sehen ist.
3. Halte das gefaltete Papier des ersten Schneekristalls so, dass du den Umriss sehen kannst.
4. Schneide den Umriss aus und falte das Papier auseinander.
5. Halte das gefaltete Papier des zweiten Schneekristalls so, dass du den Umriss sehen kannst.
6. Schneide den Umriss ebenfalls aus und falte das Papier auseinander.
7. Klebe deine Schneekristalle mit Klebeband ans Fenster.

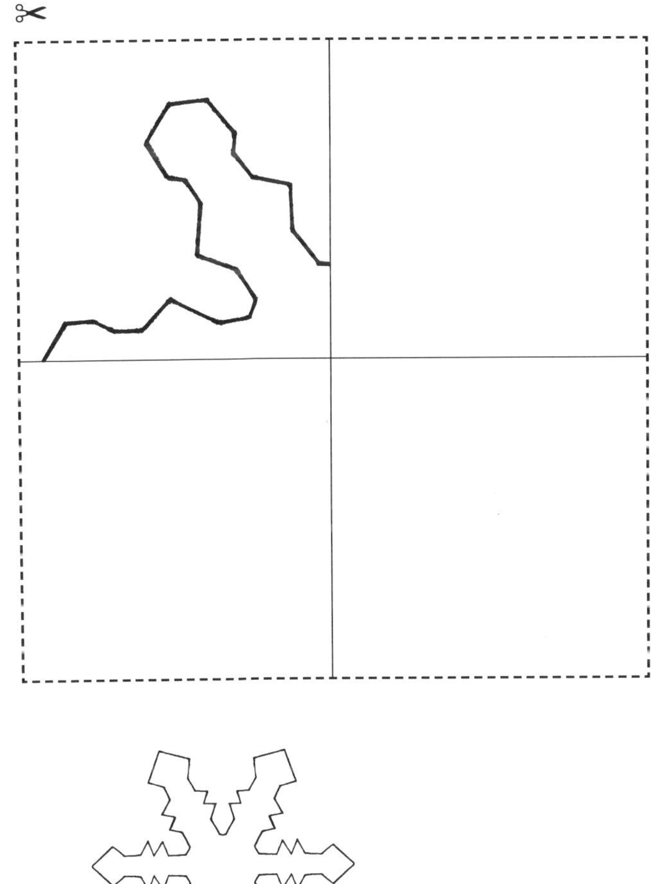

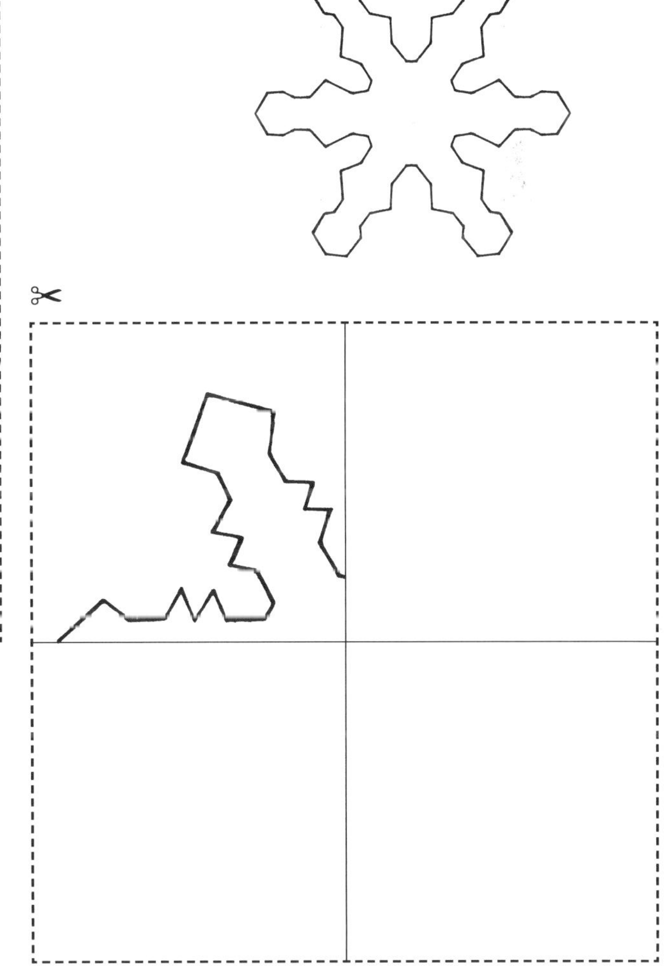

Name:

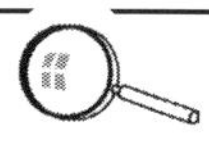

lesen schreiben forschen malen/basteln **rätseln** spielen

Das Schneemobil

Als Lars aufwacht, sieht er, wie ein Schneemobil an ihm vorbeifährt.

Sieh dir das Bild von Seite 19 genau an und kreuze die richtigen Sätze an.

- ☐ Das Schneemobil fährt auf Kufen.
- ☐ Das Schneemobil ist ein Kettenfahrzeug.
- ☐ Das Schneemobil hat ein Radargerät auf dem Dach.
- ☐ Das Schneemobil hat vier Antennen auf dem Dach.
- ☐ Das Schneemobil hat drei Fenster an der Seite.
- ☐ Das Schneemobil hat vorn eine Schneeschaufel.

Sieh dir die beiden Bilder des Schneemobils genau an.
Finde die acht Fehler im rechten Bild.
Kreise sie ein.

Name:

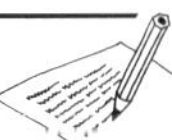
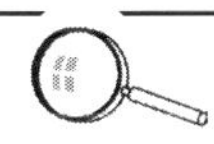

lesen schreiben forschen malen/basteln rätseln spielen

In der Polarstation

Bringe die Bilder mit Zahlen in die richtige Reihenfolge.

Tipp: Sieh auf den Seiten 19 bis 28 nach.

Schneide die Satzstreifen aus. Klebe sie passend zu den Bildern.

✂

Lars landet auf einem weichen Sessel in einem seltsamen Raum.	Hugo und Lars folgen der Spur des Fahrzeugs und kommen zur Polarstation.	Lars wird vom lauten Rasseln des vorbeifahrenden Schneemobils geweckt.
Lars irrt durch die dunklen Gänge, aber alle Fenster und Türen sind verschlossen.	Im Abfall der Station finden Lars und Hugo Essensreste und machen ein Picknick.	Lars klettert auf das Dach der Forschungsstation und fällt durch einen Schacht.

Name:

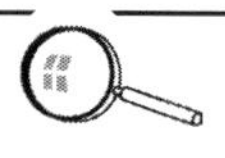

lesen schreiben forschen **malen/basteln** rätseln spielen

Eine Schneelandschaft

Schneide die Vorlagen aus. Knicke die grauen Klebestreifen nach hinten. Klebe die Vorlagen auf und gestalte mit ihnen eine Schneelandschaft.

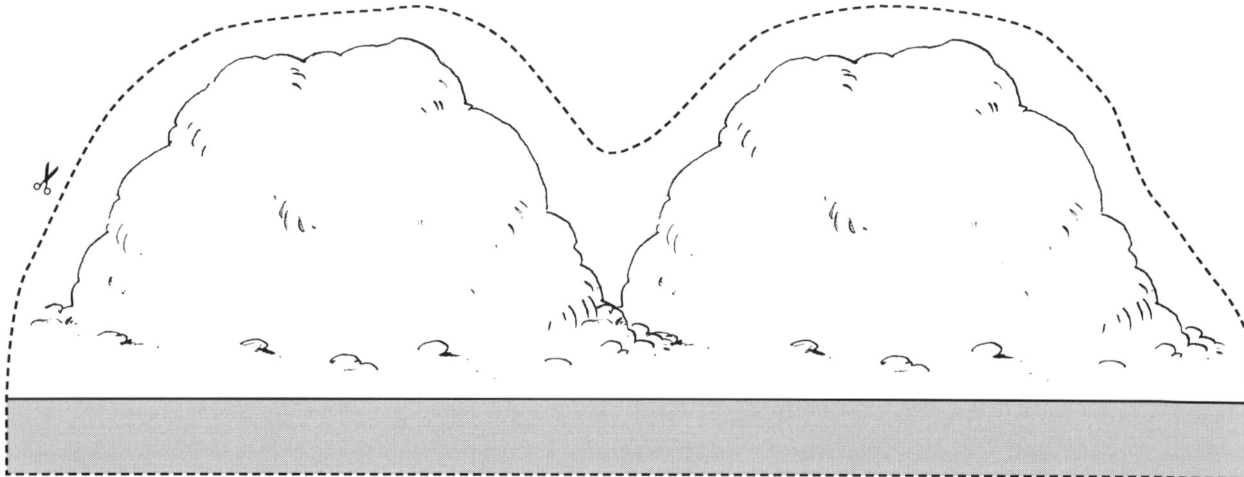

Name:

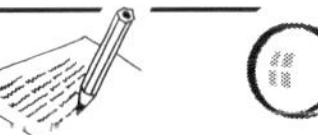
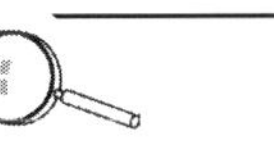

lesen **schreiben** forschen malen/basteln **rätseln** spielen

Gefahr!

Das Schneemobil kommt zurück. Hugo will Lars aus der Polarstation retten.

Lies den Text und trage die passenden Wörter in Großbuchstaben in die Kästchen ein.

Tipp: Lies auf Seite 32 nach und sieh dir das Bild auf Seite 33 an.

An seinen Füßen trägt der Mann warme ☐☐☐☐[1]☐☐ .

Auf seiner Nase sitzt eine dunkle ☐☐☐☐☐☐☐[8]☐☐☐☐ .

Der Mann hält seine dicke ☐☐[5]☐☐ in der Hand.

Vor dem Tisch steht ein ☐☐☐[4]☐☐ .

Unter dem Tisch steht ein ☐☐☐☐[7]☐☐☐☐ .

☐☐[3]☐ hat sich unter dem Tisch versteckt.

Hugo wirft ☐☐[6]☐☐☐ in den Raum.

Der Mann guckt nach [2]☐☐☐ .

Die Buchstaben der grau unterlegten Kästchen ergeben ein Lösungswort. Trage es ein.

Das Lösungswort lautet: [1][2][3][4][5][6][7][8] .

Kannst du die Geheimschrift lesen? Schreibe auf.

DerM annh olte ineL eiteru ndk letterta ufd asD ach.

Name:

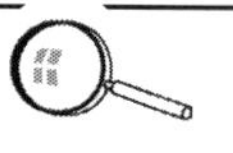

lesen | schreiben | forschen | malen/basteln | rätseln | spielen

Die Begegnung mit dem Forscher

Der Forscher klettert aufs Dach und sieht Hugo.

Was denken die beiden, als sie sich gegenüberstehen? Male die passenden Denkblasen an.

Tipp: Lies auf Seite 34 nach.

Da habe ich ja Glück. Das wird ein schöner Hasenbraten!

Hilfe! Ich habe solche Angst vor dem Mann.

Was macht ein Hase auf dem Dach? Ich werde ihm herunterhelfen.

Der Mann sieht nett aus. Vielleicht gibt er mir ja eine Möhre?

Überlege dir weitere Gedanken von Hugo und dem Forscher. Schreibe jeweils in die Denkblase.

Wie kommt der Mann ohne Leiter wohl wieder vom Dach herunter? Male einen Comic auf ein Blatt.

Name:

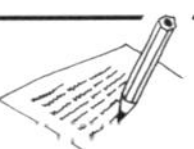
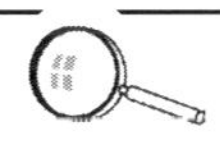

lesen schreiben forschen malen/basteln **rätseln** **spielen**

Hugos Sprung vom Dach

Hier ist einiges durcheinandergeraten.

Schneide die Puzzleteile aus.
Füge sie richtig zusammen und klebe sie auf ein Blatt.

✂

Name:

lesen **schreiben** forschen **malen/basteln** rätseln spielen

Ende gut – alles gut

Hugo und Lars sind sehr verschieden. Trotzdem mögen sie sich und werden gute Freunde.

Was meinst du: Was mag Lars an Hugo? Und was mag Hugo an Lars? Schreibe auf.

Fülle den Steckbrief über einen Freund oder eine Freundin aus. Male ein passendes Bild oder klebe ein Foto ein.

Name:

Alter:

Aussehen:

Das mag ich besonders an dieser Person:

Name:

lesen **schreiben** forschen malen/basteln rätseln spielen

Umgang mit Beschimpfungen

Du Angsthase! Du dumme Kuh! Du fauler Hund! Es gibt viele Beleidigungen, die mit Tieren zu tun haben.

Welche Beschimpfung hat dich schon einmal verletzt? Sprecht darüber in der Klasse.

Wie sollte man sich verhalten, wenn man beleidigt wird? Male an: blau = gute Reaktion, rot = schlechte Reaktion. Ergänze eine eigene Idee.

Manche Vergleiche mit Tieren werden als Beleidigung eingesetzt, manche auch als Lob. Kreise ein: gelb = Beleidigung, grün = Lob.

Du bist schlau wie ein Fuchs.

Du bist fleißig wie eine Biene.

Du bist lahm wie eine Schnecke.

Du bist stark wie ein Bär.

Du bist stur wie ein Esel.

Name:

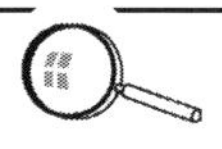

lesen schreiben forschen malen/basteln rätseln spielen

Angsthasen und Bücherwürmer

Lars macht aus „Angsthase“ einfach „Angstbär“.

Wie heißen die Wörter richtig? Verbinde.

Angst •	• Wurm
Unglücks •	• Pferd
Honigkuchen •	• Eule
Nacht •	• Dachs
Gold •	• Rabe
Pech •	• Hase
Frech •	• Vogel
Brillen •	• Esel
Lese •	• Ratte
Bücher •	• Schlange

Welche Bedeutung haben die Wörter?
Male jeweils Wort und Erklärung mit derselben Farbe an.

Bücherwurm	Nachteule	Unglücksrabe
jemand, der oft Pech hat	jemand, der gern liest	jemand, der bis spät in die Nacht aufbleibt

Eisbären-Rap

Lies den Text mehrmals durch. Trage ihn anschließend als Rap vor.

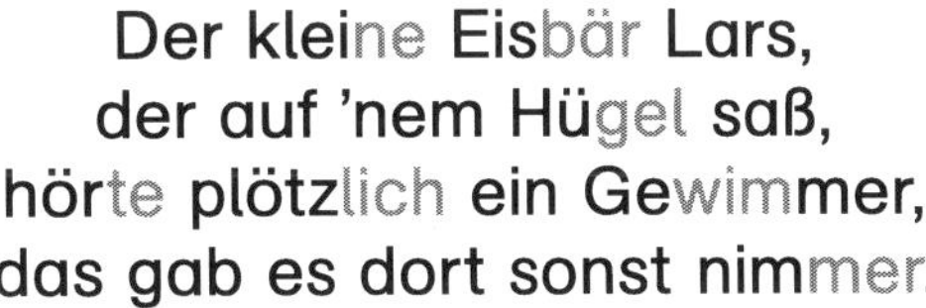

Der kleine Eisbär Lars,
der auf ’nem Hügel saß,
hörte plötzlich ein Gewimmer,
das gab es dort sonst nimmer.

Im Loch, da saß ein Hase,
mit einer schwarzen Nase,
der Hugo mit schneeweißem Fell –
Lars befreite ihn ganz schnell.

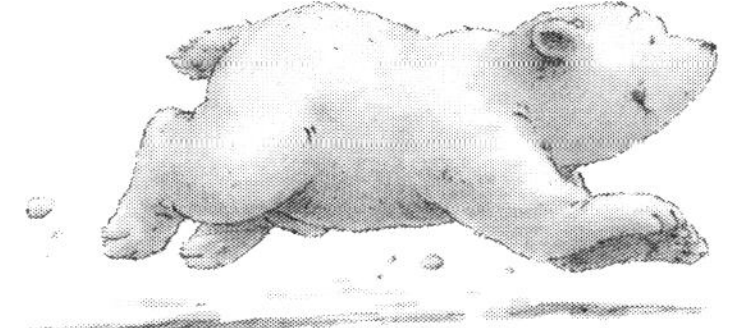

Sie spielten gleich Verstecken,
und Lars fing an zu necken.
Sie hatten ganz viel Spaß,
dass jeder die Zeit vergaß.

Doch plötzlich kam viel Schnee,
oje, oje, oje!
Der Weg nach Haus war weg,
das war ein großer Schreck!

Dann kam das Schneemobil,
das Hugo nicht gefiel.
Doch sie gingen hinterher,
das war auch gar nicht schwer.

Nach einer Picknickpause,
mit Fisch und ohne Brause,
stieg Lars auf die Polarstation,
ein Reinfall war sein Lohn.

Der Hugo bekam ’nen Schreck,
der Lars war plötzlich weg!
Hugo rettete den Lars,
ein Happy End, das war’s!

Ihre Freundschaft ist jetzt tief.
Und geht einmal was schief,
helfen sie einander.
Nichts bringt sie auseinander!

Lars und Hugo unterwegs

Sprachkarten

✂

Buchstabiere das Wort „Schnee“.  **Lösung: SCH-N-E-E**	Buchstabiere das Wort „Angst“.  **Lösung: A-N-G-S-T**	Buchstabiere das Wort „Dach“.  **Lösung: D-A-CH**
Buchstabiere das Wort „mutig“.  **Lösung: M-U-T-I-G**	Wie viele Silben hat das Wort „Nordpol“?  **Lösung: 2 Silben: Nord-pol**	Wie viele Silben hat das Wort „Angsthase“?  **Lösung: 3 Silben: Angst-ha-se**
Wie viele Silben hat das Wort „Schneemobil“?  **Lösung: 3 Silben: Schnee-mo-bil**	Finde einen Reim auf „Eisbär“.  **Lösungen: schwer, sehr, mehr**	Finde einen Reim auf „Hase“.  **Lösungen: Nase, Vase, Blase**
Zu welcher Wortart gehört „Freunde“?  **Lösung: Nomen**	Zu welcher Wortart gehört „klein“?  **Lösung: Adjektiv**	Zu welcher Wortart gehört „spielen“?  **Lösung: Verb**
Buchstabiere den Namen „Lars“ rückwärts.  **Lösung: S-R-A-L**	Buchstabiere den Namen „Hugo“ rückwärts.  **Lösung: O-G-U-H**	

Lars und Hugo unterwegs

Ereigniskarten

✂

Hugo und Lars machen
ein Picknick.

Setze einmal aus.

Lars kugelt wild
einen steilen Hang hinunter.

Gehe ein Feld vor.

Hugo soll nach Hause kommen,
wenn es schneit.

Würfle noch einmal.

Hugo und Lars rennen
um die Wette.

Gehe ein Feld vor.

Lars und Hugo kommen
im Schneesturm nicht voran.

Setze einmal aus.

Lars und Hugo haben
sich verlaufen.

Gehe zwei Felder zurück.

Hugo ist
in ein tiefes Loch gefallen.

Gehe ein Feld zurück.

Hugo rettet Lars.

Gehe zwei Felder vor.

Hugo und Lars folgen
der Spur des Schneemobils.

Würfle noch einmal.

Lars und Hugo unterwegs

Ziehe eine Sprachkarte.
Rücke zwei Felder vor,
wenn du die richtige Antwort weißt.

Nimm eine Ereigniskarte.
Darauf steht, was du tun musst.

Gehe in Pfeilrichtung weiter,
wenn du wieder am Zug bist.

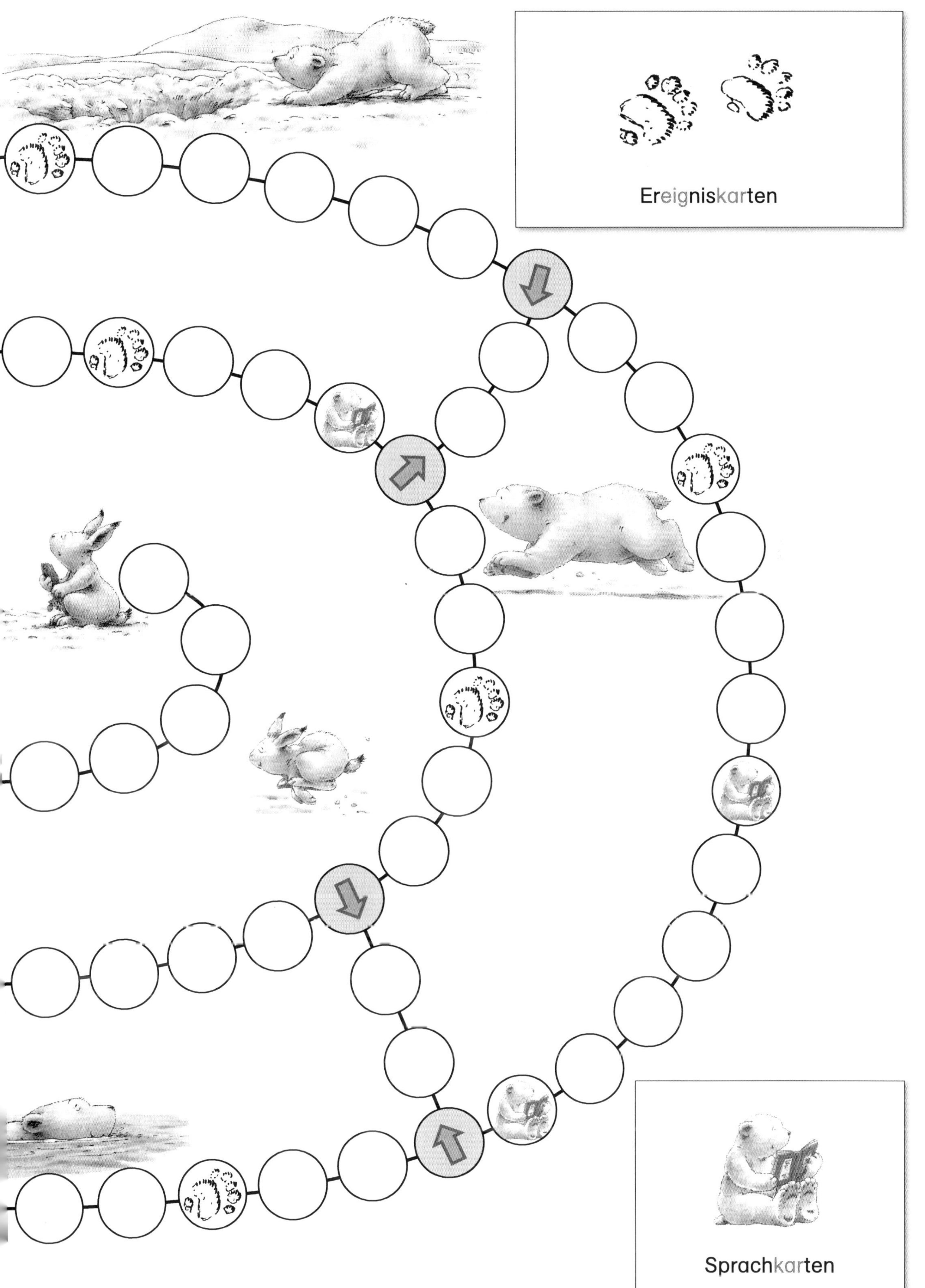
Ereigniskarten
Sprachkarten

Name:

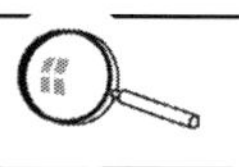

lesen schreiben **forschen** malen/basteln rätseln **spielen**

Spurendomino

Wer hinterlässt welche Spur im Schnee?

Schneide die Karten aus und ordne passend zu.
Legst du das Domino richtig, kommst du ans Ziel.

✂

START	Eisbär
	Polarfuchs
	Robbe
	Schneegans
	Schneehase
	ZIEL

Name:

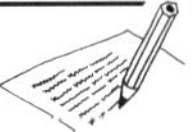

lesen schreiben **forschen** malen/basteln rätseln spielen

Interview mit einem Polarforscher (1)

Der Polarforscher Dr. Dirk Notz arbeitet am Hamburger Max-Planck-Institut und hat für euch Fragen zu seinem Beruf beantwortet.

Lies die Fragen und Antworten genau durch.

Was finden Forscher eigentlich so spannend an den Polargebieten?

Polargebiete sind zum einen wunderschön
und es macht unglaublich viel Spaß, dort zu arbeiten.
Zum anderen sind Polargebiete aber auch wichtig,
um das Wetter und das Klima der Zukunft vorherzusagen.

Wie sieht der Arbeitstag eines Polarforschers aus?

Den Großteil des Jahres sitzen Polarforscher ganz normal im Büro
und arbeiten an ihren Computern.
Aber dazwischen sind sie immer wieder mit Eisbrechern oder Hubschraubern
am Nordpol oder am Südpol unterwegs, um dort Messungen zu machen.
Dabei leben sie oft wochenlang in kleinen Zelten mitten auf dem Eis
und müssen immer wegen der Eisbären aufpassen.

Wie untersuchen Polarforscher das Eis?

Man kann Polarforscher grob in zwei Gruppen einteilen:
Die eine Gruppe untersucht das Eis auf dem Meer, die andere das Eis an Land.
Am Nordpol befindet sich ja ein großes Meer,
auf dem ein oder zwei Meter dickes Eis schwimmt.
In Grönland und am Südpol dagegen liegt das Eis auf dem Land.
Dieses Eis ist mehrere Kilometer dick und
damit viel höher als die meisten Berge in Deutschland.
Die Untersuchungen des Eises laufen bei beiden Forschergruppen recht ähnlich ab:
Es werden Eisproben aus dem Eis herausgebohrt und anschließend untersucht.

Wie wird eine Eisbohrung gemacht? Und wie tief wird dabei gebohrt?

Eine solche Eisbohrung wird mit einem langen, ganz dicken Bohrer gemacht,
der im Innern hohl ist. Beim Bohren sammelt sich das Eis in diesem Hohlraum
und kann mit dem Bohrer zusammen aus dem Bohrloch herausgezogen werden.
Beim Eis auf dem Meer, das ja nur wenige Meter dick ist,
wird einfach ganz durch das Eis hindurchgebohrt.
Bei dem kilometerdicken Eis auf Land ist das Bohren natürlich viel schwieriger,
weil der Bohrer immer wieder verlängert werden muss.
Da wird manchmal zwei oder drei Kilometer tief gebohrt.

Name:

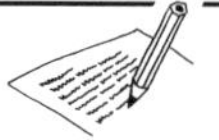
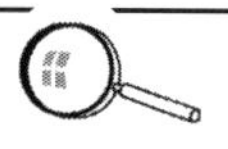

lesen | schreiben | forschen | malen/basteln | rätseln | spielen

Interview mit einem Polarforscher (2)

Was kann man an dem Eis erkennen?

Bei dem Eis auf dem Meer wird häufig geguckt,
wie viele Algen oder welche kleinen Tiere an der Eisunterseite wohnen.
Diese Algen und Tiere werden im Winter von Fischen
oder kleinen Krebsen gefressen, die dann wiederum
von größeren Fischen oder Walen gefressen werden.
In dem Eis auf dem Land versucht man hingegen,
etwas über das Klima der Erde vor vielen Tausend Jahren herauszufinden.
Das Eis auf dem Land ist nämlich nichts anderes als uralter Schnee,
der stark zusammengedrückt worden ist und so zu Eis wurde –
genau wie ein Schneeball, den man stark zusammendrückt.
Eine Eisbohrung ist darum so etwas wie eine Zeitreise durch ganz alten Schnee.
Und mit diesem alten Schnee können wir herausfinden,
wie früher das Wetter auf der Erde war.

Warum spielen die Polargebiete eine wichtige Rolle für das Weltklima?

Die Polargebiete sind vor allem wichtig, weil es dort heutzutage so viel Eis gibt.
Dieses Eis ist so weiß, dass es wie ein Spiegel das Sonnenlicht
wieder zurück ins Weltall wirft.
Darum kann es in diesen Gegenden so schön kalt sein.
Wenn aber das Eis immer weiter abschmilzt,
wird auch der Sonnenlichtspiegel immer kleiner,
und es wird am Nordpol und am Südpol viel wärmer, als es heute ist.
Dadurch verschwindet natürlich dann noch mehr Eis
und irgendwann ist vielleicht am Nordpol nur noch ein großes Meer,
das so ähnlich aussieht wie die Nordsee oder die Ostsee.

Hast du weitere Fragen an Herrn Dr. Notz? Schreibe auf.

Name:

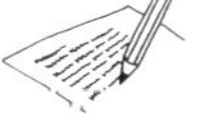
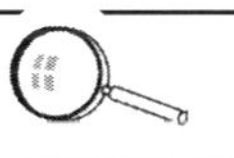

lesen schreiben **forschen** malen/basteln rätseln spielen

Lars und der Klimawandel

Suche dir einen Partner.
Lest das Gespräch zwischen Hugo und Lars mit verteilten Rollen.

Hallo, Lars. Wie geht es dir? Wollen wir Verstecken spielen?

Hm, keine Lust. Ich habe Hunger.

Hast du wieder kein Mittagessen gehabt?
Bei uns gab es Gräser und Kräuter.

Doch, es gab Fisch und ein bisschen Seetang, aber satt bin ich nicht.
Mama wollte jagen, aber sie hat nichts gefangen. Sie sagt,
die Robbenjagd wird immer schwieriger, weil das Eis zurückgeht.

Kann sie die Robben denn nicht im Wasser fangen?

Mama ist zwar eine sehr gute Schwimmerin,
aber im Meer gelingt es ihr kaum, eine Robbe zu erwischen.
Wenn es nun immer weniger Eis gibt,
bekommen wir auch immer weniger zu essen.

Davon habe ich auch schon gehört.
Meine Mutter sagt, dass es bei uns immer wärmer wird.
Sie meint, das ist der Klimawandel.
Dadurch schmilzt immer mehr Eis.

Ja, und wo wir Eisbären früher jagten, ist heute kein Eis mehr.
Aber wie soll das denn weitergehen?

Mama sagt, am Klimawandel können nur die Menschen etwas ändern.

Die Menschen? Meinst du zum Beispiel den Forscher von der
Polarstation? Können die Menschen denn neues Eis machen?

Nein, das glaube ich nicht.
Aber sie können verhindern, dass noch mehr Eis schmilzt.

Was kannst du in der Schule und zu Hause gegen den Klimawandel tun?
Sprecht in der Klasse über eure Ideen und setzt sie in die Tat um.